Das Tao des Reitens

»Das Leichte und Sensible im Menschen ist sein Geist. Wenn unser Geist nicht rein ist, wie können wir unserer Rolle als dritter Partner im Einklang mit Himmel und Erde gerecht werden? Welchen Sinn hat das Leben, wenn wir nicht unserer wahren Natur gerecht werden, das Leben pflegen, unseren Geist erweitern und uns positiv entwickeln?«

Yang Ch'eng-Fu (1883–1936)

Vorwort

Von einem Zen-Meister wird erzählt, er sei glücklich und zufrieden. Einige mit dem Leben Unzufriedene machen sich auf, diesen Glücklichen nach seinem Geheimnis zu befragen.

»Was tust du, daß du so glücklich und zufrieden bist? Wir wären es auch gern. Aber all unser Bemühen konnte uns bisher nicht das geben, was du offensichtlich hast! Bitte sage uns, wodurch du es bekommen hast!«

»Wenn ich liege, dann liege ich. Wenn ich aufstehe, dann stehe ich auf. Wenn ich gehe, dann gehe ich, und wenn ich esse, dann esse ich.«

Nun sind die Fragenden verblüfft, denn was sie zur Antwort bekommen haben, meinen sie selbst zu tun. So fragen sie den Zen-Meister noch einmal.

»Bitte veralbere uns nicht. Was du sagst, das tun wir auch. Wir schlafen und gehen und essen, aber wirklich glücklich sind wir dadurch nicht geworden. Du mußt noch etwas anderes tun, bitte verrate uns dein Geheimnis!«

Verblüfft hören sie nun zum zweiten Mal die Botschaft: »Wenn ich liege, dann liege ich. Wenn ich aufstehe, dann stehe ich auf. Wenn ich gehe, dann gehe ich, und wenn ich esse, dann esse ich.«

Ich kann mir vorstellen, liebe Leserin, lieber Leser, daß es Ihnen ähnlich geht wie den Fragenden. Vielleicht sind Sie ein wenig verärgert, wollen umblättern, denn was hat diese Geschichte mit Pferden und mit Reiten zu tun?

Auch die Fragenden wurden nun unwillig, denn sie hatten weder Kosten noch Mühen gescheut, das Geheimnis dieses Menschen zu ergründen. Sie hakten also nach und erhielten die folgende Antwort: »Sicher liegt ihr, auch geht und eßt ihr, aber während ihr liegt, denkt ihr ans Aufstehen, während ihr aufsteht, denkt ihr, wohin ihr gehen sollt, und während ihr eßt, sind eure Gedanken schon wieder irgendwo anders. Aber in dem Moment, in dem das wirkliche Leben

11

stattfindet, seid ihr meist nicht – im Schnittpunkt zwischen Vergangenheit und Zukunft. In diesem nicht meßbaren Moment findet das eigentliche Leben statt. Laßt euch auf diesen Moment ein, und ihr habt die Chance, wirklich glücklich und zufrieden zu sein.«

Nun, was hat diese Geschichte mit Pferden und Reiten zu tun? Vor Jahren hätte ich bestimmt noch verständnislos den Kopf geschüttelt und zwischen dem glücklichen Zen-Meister, dem Wesen der Pferde und meinem eigenen Suchen keine Verbindung erkannt. Doch eine Verkettung von Zufällen machte es möglich, in der Geschichte einen Schlüssel zu einem tieferen Bewußtsein und einer natürlichen, ganzheitlichen Reitlehre zu finden.

Auf dem Weg zu dieser sanften Reitweise waren Kontakte zum Institut Thorwald Dethlefsen (»Krankheit als Weg«) sowie die Stunden mit dem Bewußtseinstrainer Nicolas Klein, der mich in die Geheimnisse der Zen-Meditation einwies, wichtige Schritte. Durch Dr. Rüdiger Dahlke konnte ich erleben, daß mein Körper Tempel meiner Seele ist, und von Kerstin Dethlefsen-Dahlke erfuhr ich ein neues Körpergefühl durch die fernöstliche Bewegungslehre T'ai Chi. Der Mind- und Huna-Trainer Eckehart Zellmer lehrte mich die okkulte Anatomie der Menschen und Tiere und das geheime Wissen hinter Wundern sowie Techniken zur mentalen Verbindung.

Darüber hinaus fand ich auf meinem Lebensweg viele Weggefährten, die mich begleiteten und von denen ich lernen durfte. Zum Beispiel lernte ich durch das Wirken von Ursula Bruns, daß naturnahe Haltung von Pferden auch in der heutigen, von Technik beherrschten Zeit zu praktizieren ist. Von Roger Kupfer, dem mehrfachen Deutschen und Europameister im Westernreiten, erfuhr ich, daß auch das Westernreiten eine Sache von Geben und Nehmen ist. Ihnen allen meinen herzlichen Dank.

Doch daß all das Wissen und die Erfahrungen meiner Lehrmeister zu meiner eigenen Wahrheit werden konnten, habe ich vor allem meinen Pferden und einem naturnahen Umgang mit ihnen zu verdanken. Deshalb gebührt mein besonderer Dank ihnen, an erster Stelle meiner Stute »Flake«.

Sie war und ist meine größte Lehrerin. Sie und ihre Herde zeigten mir, daß die tief verwurzelte Sehnsucht des Menschen, die Sehnsucht nach Einheit und das Verlangen nach Geborgenheit, durch aktives Erleben in das eigene Selbst integriert werden kann. So begriff ich, daß sich der Wunsch nach Geborgenheit nicht mit dem Kopf erfüllen läßt. Geistige Kraftakte und der bloße Wille, Verbundensein zu »fühlen«, waren nichts im Vergleich zum Empfinden vom Eins-Sein, welches ich durch die Pferde erlebte. Von ihnen habe ich gelernt, Einheit anzufassen, zu sehen, zu riechen, zu hören, zu begreifen, zu verinnerlichen – um mit ihr »ein Ganzes« zu werden.

Die Pferde zeigten mir, daß ihnen, wie wahren Zen-Meistern, viele Möglichkeiten zur Verfügung stehen, um auf den Zeitraum hinzuweisen, in dem Harmonie und Geborgenheit zu Hause sind, im »Hier und Jetzt«.

Wie aus dieser Lebenserfahrung eine natürliche, sicherere Reitweise erwachsen konnte, möchte ich mit diesem Buch vorstellen.

Einleitung

In Einheit mit dem Pferd, nichts Trennendes mehr zwischen meiner Innenwelt und meiner Außenwelt, der warme Sommerwind in meinem Haar und auf meinem Gesicht. Der Duft der Blumenwiese verbindet sich mit dem Geruch des Pferdes, der Gesang der Vögel verschmilzt mit dem Zirpen der Grillen, der Hufschlag mit dem Rhythmus des Herzens. Vertrauensvoll habe ich mich der dynamischen Kraft des Pferdes hingegeben und fühle mich sicher getragen wie das freudig erwartete Baby im Leib der Mutter: geborgen und beschützt.

Der sanfte Wind, der mich mit dem Ein- und Ausatmen durchströmt, stärkt das Gefühl von Verbundensein mit der Natur. Das einsame Alleinsein hat sich wie durch Zauber verwandelt: in All-eins-Sein.

Für einen kurzen Moment durfte ich erleben, wie mein begrenztes Denken und die Nöte des Alltags sich auflösten, in nicht wertendes Gewahrsein!

»Reiten im Einklang mit der Natur der Pferde« – ist das bloß ein Traum, oder ist es Wirklichkeit, handelt es sich um Dichtung oder um Wahrheit? Ist es uns modernen Menschen überhaupt möglich, in einer von Technik beherrschten Zeit im Einklang mit der Natur zu reiten?

Hat der heutige Mensch, der ja auch Nutznießer der technischen Errungenschaften ist, noch das Bedürfnis nach derart harmonischen Erlebnissen mit der Natur? Auch stellt sich mehr und mehr die Frage: Haben wir Menschen des Computerzeitalters uns noch die Fähigkeit bewahrt, im Einklang mit der Natur reiten zu können?

Und: Gibt es denn überhaupt eine Notwendigkeit, wieder *mit* der Natur zu leben und ihre Gesetze zu achten? Oder kann es doch gelingen, der Natur die Gesetze der Menschen aufzupfropfen und dadurch den Umgang mit dem Naturwesen Pferd sicherer zu gestalten? Vor dem Hintergrund, daß das Reiten eine der unfallträchtigsten Sportarten ist, mit den folgenschwersten Verletzungen, kommen an dieser Hoffnung nun doch berechtigte Zweifel auf.

Obwohl die Partnerschaft Mensch – Pferd auf eine jahrtausendealte Tradition zurückblicken kann, fällt auf, daß dennoch dem heutigen Zeitgeist entsprechend überwiegend versucht wird, das Unwägbare der Natur der Pferde mit Technik zu bändigen.

Dieses Bemühen bezeichnet generell die Grundeinstellung, die wir Menschen gegenüber der Natur und ihren Gesetzen bezogen haben. Gleichzeitig dämmert aber immer mehr Menschen, daß wir dabei sind, die Natur »tod-sicher« zu gestalten, und die eigene Lebensqualität damit beeinträchtigen.

Es scheint, als ob der moderne, zivilisierte Mensch Opfer seiner eigenen Taten wird. Denn je mehr die Menschen einerseits versuchen, ihren Lebensraum durch Technik sicherer zu gestalten, dadurch aber immer mehr Technisches, sachlich Nüchternes und Kalkulierbares erfahren, wächst andererseits offensichtlich immer mehr das Verlangen nach persönlichen, nach lebendigen Erlebnissen.

Diese tiefverwurzelte Sehnsucht nach »Leben« begegnet uns immer häufiger auf versteckte Art und Weise im alltäglichen Leben. Begriffe wie »Erlebnisparadies«, »Erlebnisradio«, »Erlebniseinkauf«, »Erlebnispark«, aber auch das »Radio fürs Leben«, der »Abenteuerurlaub« oder der »Abenteuerlook« sind nur einige Beispiele dafür.

Die Industrie und die Werbung bringen uns den Beweis, daß das Sehnen nach wirklichem, lebendigem Er-Leben auch im Menschen des technischen Zeitalters vorhanden oder doch zu wecken und zu nutzen ist. Es ist bestimmt auch Ausdruck des natürlichen Verlangens nach wirklichem, lebendigem »Er-Leben«, daß innerhalb der gemeinsamen Entwicklungsgeschichte von Mensch und Pferd noch nie so viele Menschen geritten sind und Umgang mit Pferden hatten wie heute. Daß die hierbei gemachten Erfahrungen nicht immer der Erwartungshaltung nach harmonischen Erlebnissen entsprechen, belegen leider die zahlreichen Unfälle.

Angesichts dieser Tatsache wird erkennbar, daß der tägliche Umgang mit Technik und die dabei gewonnenen Erfahrungen oder Erkenntnisse bislang nicht helfen konnten, das Reiten unfallfrei und generell harmonischer werden zu lassen. Wie sollte es auch?

Pferde unterliegen ihrem Wesen nach uneingeschränkt den von der Natur vorgeschriebenen Gesetzen der Harmonie. Zwar ist es nur allzu verständlich, daß wir Menschen – unserem jetzigen Entwicklungsstand und dem herrschenden Zeitgeist entsprechend – versuchen, harmonische Erlebnisse mittels Technik zu erreichen. Auch verdrängt der tägliche Umgang mit technischen Geräten, ja, ihr selbstverständliches Vorhandensein, den Umgang mit der Natur und ihren »natürlichen« Harmonie-Gesetzen. Dafür kann fast jedes Kind heute einen Computer bedienen. Jeder Mann, jede Frau ist gewohnt, Maschinen zu lenken und zu führen, ein- und auszuschalten und viele pferdestarke Motoren aus vollem Lauf zu stoppen.

Nur: All diese Geräte sind seelenlos, Pferde dagegen sind dynamische, lebendige Wesen, eingebunden in die natürlichen Regeln der Natur.

Die Pferdenatur im Menschen

Vor Jahrmillionen hätten wir uns über »Harmonie«, »Einheit« und »ein Ganzes« keine Gedanken zu machen brauchen – und sicherlich auch nicht machen können. Zu dieser Zeit erlebte der Mensch als biologisches Wesen den Zustand der Einheit. Aus heutiger Sicht können wir sagen: Dieses Wesen war verbunden mit der Natur. Es war selbst Natur.

Der weitere Entwicklungsprozeß hatte jedoch den Bruch des menschlichen Bewußtseins mit der Natur zur Folge. Dabei wird einmal, an irgendeinem Punkt in der Geschichte der Evolution, der Mensch auf einer Stufe gestanden haben, die der der Pferde ähnlich war und die noch bis heute im Erbgedächtnis gespeichert ist.

Erst dadurch, daß unsere Altvorderen begannen, sich, wie wir Reiter sagen, »auf der Hinterhand aufzurichten«, wurde die »Vorderhand« frei – und konnte zum Handeln und Begreifen benutzt werde. Die Umwelt mit Händen »begreifen« können unterstützte auch das geistige, schnelle Begreifen und beschleunigte den gewaltigen Entwicklungssprung zum eigendynamisch, schöpferisch tätigen Menschen von heute.

Dieser Vorgang hatte aber auch zur Folge, daß der Mensch sich immer stärker von der Natur absonderte, sich immer mehr vereinzelt fühlte. Was dem Naturmenschen von einst der Nährboden seiner Entwicklung war, empfindet der heutige Homo sapiens als eine ihm feindlich gegenüberstehende Welt, gegen die es sich abzugrenzen und zu schützen gilt.

Allmählich jedoch wächst – nicht nur bei Reitunfällen – die schmerzliche Gewißheit, daß wir zivilisierten Erdenbürger auch im Zeitalter der Computer zuerst und vor allem ein Teil der Natur sind und zum Opfer des eigenen Handelns werden können.

In dieser Erkenntnis liegt aber auch die Chance für den modernen Menschen, die Rolle, die er innerhalb der Natur eingenommen hat, zum eigenen Heil zu wandeln.

TAO –
DER WEG DER PFERDE

Der Zug der Kraniche

Ein Zen-Schüler beobachtete gemeinsam mit dem Meister
den Zug der Kraniche. In das ehrerbietige Schweigen vor
diesem grandiosen Naturschauspiel, in die Stille des nahenden
Abends hinein fragte der Meister: »Wohin ziehen diese
Kraniche?«
Der Schüler, bemüht, ja die richtige Anwort zu geben, prüfte
die Windrichtung, den Sonnenstand, und da es Frühling war,
fühlte er sich seiner richtigen Antwort sicher: »Sie ziehen gen
Norden!«
Da griff ihm der Meister ganz unerwartet und heftig an die
Nase und drückte und drehte diese so fest, daß der Schüler
vor Schmerz fast den Verstand verlor und aufschrie: »Sie sind
da, sie sind immer da!«
Voller Verständnis löste der Meister seinen schmerzenden
Griff.

Das Gesetz der Harmonie
von Anfang an

Obwohl unsere Pferde auf eine wesentlich längere Entwicklungsgeschichte zurückblicken können als wir Menschen, gab es offensichtlich keinen Moment, in dem sie sich gegen die Gesetze der Natur zu stellen versuchten. Die Evolution der Equiden vervollkommnete primär den Fluchttrieb als lebenserhaltendes System. Bis auf den heutigen Tag unterliegen die Pferde uneingeschränkt diesem von der Natur vorgegebenen Prinzip.

Die Tatsache, daß Pferde ausschließlich den natürlichen Gesetzen unterliegen, ist ein Zustand, den wir Menschen von unserem geistigen Entwicklungsstand aus nur schwer nachempfinden können. Aber die enge Partnerschaft zum Pferd und der Wunsch nach einem harmonischen Umgang miteinander machen es unumgänglich, sich mit dem Wesen der Pferde auseinanderzusetzen.

Gemessen an den 60 Millionen Jahren des Entwicklungszeitraums der Pferde kann die Partnerschaft zwischen Mensch und Pferd nur auf eine kurze Zeitspanne zurückblicken. Aber gerade in der nicht gemeinsam erlebten Zeit hat sich vor allem die Eigenart der Pferde entwickelt. Die Interessen des Menschen konnten hierbei keine Berücksichtigung finden, und so merkwürdig es sich vielleicht anhört, liegt hierin die Wurzel für viele Verletzungen und Unfälle in der Begegnung mit den Pferden.

60 Millionen Jahre der Pferde
im Zeitraffer

Wenn wir von 60 Millionen Jahren sprechen, dann fällt es uns bestimmt schwer, uns diesen gewaltigen Zeitraum bewußt zu machen. Schreibe ich die Zahl aus: 60.000.000, können höchstens die vielen Nullen verwirren, aber mein Empfinden für 60 Millionen Jahre ist dadurch nicht gewachsen. Auch wenn ich diese Zeit in Menschengenerationen aufteile, komme ich auf ca. 2,4 Millionen Generationen, was diesen gigantischen Zeit–Raum für mich aber immer noch unfaßbar macht.

Am Beginn dieser Zeitspanne, die die Wissenschaftler mit »Paleozän« bezeichnen, lebte *Phenacodus*, ein kleines, höchstens 25 cm hohes Säugetier. Es hatte einen kräftigen, langen Schwanz, und seine Hinter- und Vorderfüße waren mit fünf Krallen versehen. Nach unseren heutigen Vorstellungen ähnelte es eher einem Hund als einem Pferd. Und dennoch entwickelten sich aus diesem kleinen, hundeähnlichen Tier die Stammutter und der Stammvater aller Pferde: *Eohippus*, das Pferd des Eozäns.

Eohippus lebte vor ca. 60 Millionen Jahren. Er wurde 38 cm groß und hatte bereits kleine Hufe an den Zehen, von denen schon zu dieser Zeit einige verkümmert waren. Er hatte vorne je vier Zehen und hinten je drei.

Für uns, die sich aufgemacht haben, das Wesen der Pferde wirklich verstehen zu wollen, kann es ein wichtiger Hinweis sein, daß schon vor 60 Millionen Jahren die Natur damit begann, das unmittelbare Überleben unserer Pferde nicht durch Kampf, sondern durch Flucht zu erhalten.

Die auf *Eohippus* folgenden Arten wurden immer größer und dem heutigen Pferd immer ähnlicher. Mit fortschreitender Entwicklung verkümmerten die äußeren Zehen, lediglich der mittlere Huf wurde immer kräftiger. Zwischen *Eohippus* und dem heutigen Pferd, dem *Equus caballus*, werden ca. 120 verschiedene, direktlinige Arten durch Fossilienfunde belegt. Die Entwicklung des Pferdes unterlag der Gesetzmäßigkeit der Natur von Werden und Vergehen im ewigen Wandel. Der Selbsterhaltungstrieb der Pferde ließ neue überlebensfähige Arten entstehen, wobei das primäre Überlebenssystem durch Flucht sich über all die Millionen Jahre weiter entwickelte und sich im Wandel den natürlichen Begebenheiten anpaßte.

Das Pferd, so wie wir es heute kennen, hatte sich im Laufe seiner Evolution nie geweigert, sich zu dem weiterzuentwickeln, zu dem es die Natur, ihren eigenen Gesetzen entsprechend, vorgesehen hatte. Es war im Fluß der Entwicklung. Wäre es auf einer Entwicklungsstufe erstarrt, es gäbe längst keine Pferde mehr. Es wäre ausgestorben, wie so viele seiner Wegbegleiter durch die Jahrmillionen.

So begannen sich bei den Equiden nicht nur die Hufe zum schnelleren Flüchtenkönnen auszubilden, das ganze Tier entwickelte sich mit all seinen Organen, Knochen, Zähnen, Gelenken, Muskeln und seinen Wahrnehmungssinnen zum Fluchttier Pferd. So ausgerüstet zum Überleben, kam es zu den ersten Kontakten mit den Menschen, vor gar nicht allzu langer Zeit. Denn – was sind schon zwanzig- oder dreißigtausend Jahre vor den 60 Millionen Jahren Entwicklungsgeschichte, fest eingebrannt in das Erbgedächtnis unserer heutigen Pferde!

In Anbetracht dieser Tatsache prallen zwei grundverschiedene Lebenssysteme aufeinander, sobald wir Menschen Umgang mit Pferden haben. Hierin ist ein wesentlicher Auslöser zu finden für Unfälle und Schmerz und Leid für die Menschen, aber auch für die Pferde.

Ich will nicht behaupten, daß es den Pferden nicht möglich ist, sich den Vorstellungen des Menschen und seinen Interessen unterzuordnen. Es gibt genug Beweise dafür, daß sich die Erfahrungen, die die Pferde mit Menschen gemacht haben, weitervererben.

Hochmut kommt vor dem Fall

Ich meine aber, daß eine Reiterin oder ein Reiter, als hochentwickeltes Wesen, es nicht den Pferden überläßt, ob der Umgang mit ihnen harmonisch und sicherer verläuft. Von der Struktur unseres Körpers her unterscheiden wir uns kaum von der eines Pferdes, aber unsere besondere Fähigkeit zu denken macht den wesentlichen Unterschied aus. Aufkommender Hochmut hat keine Berechtigung, wenn wir uns erlauben, uns unsere eigene Begrenztheit bewußt zu machen, der wir Menschen, als Krönung der Schöpfung, doch unterliegen.

Jeder Reiter hat schon einmal erlebt, daß bei einem wunderschönen Ausritt, aus unerklärlichem Grunde, das Pferd einen Satz zur Seite macht oder abrupt stehenbleibt. Was ist geschehen?

Das Pferd hat vielleicht eine Maus schnell vorbeihuschen sehen, die wir nicht sehen konnten. Unser Sehvermögen ist langsamer als das der Pferde. Wenn wir uns einen Film ansehen, dann sehen wir Bewegungen, obwohl es einzelne Bilder sind. Was ein Pferd sehen würde, kann ich allerdings auch nicht sagen (ich war noch mit keinem unserer Pferde im Kino).

Auch können die Pferde fast bis hinter sich schauen. Der Mensch nicht. Um die Mängelliste der Fähigkeiten des Menschen weiterzuführen: So ist etwa das Einschätzungsvermö-

gen von Proportionen oder von Entfernungen äußerst man-
gelhaft, was das folgende Beispiel bestimmt verdeutlicht:

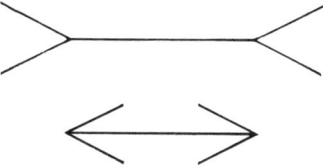

Welche Mittellinie ist länger?

Oder folgendes Beispiel, das die Grenzen unseres Wahrneh-
mungsvermögens zeigt:

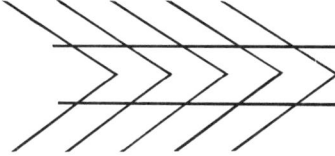

Ist der Abstand zwischen den Mittellinien gleich?

Dann kommt noch der Geruchssinn: Können Sie das tödliche
Heliumgas riechen?

Können Sie das Gift im Knollenblätterpilz riechen oder
schmecken?

Können Sie Atomstrahlen oder Elektrosmog fühlen?

Und wenn wir jetzt noch davon ausgehen, wie sehr wir
Menschen in der Regel den Einflüssen unserer eigenen Natur und der, die uns umgibt, unbewußt unterliegen, so kann
uns das sicher helfen, das Bild vom Menschen als »Maß aller
Dinge« etwas zu revidieren. Ich denke, es kann uns aber auch
dabei helfen, den Pferden auf ihrer eigenen, natürlichen
Ebene mit gebührender Achtung zu begegnen.

Es leuchtet wohl jedem ein, daß wir von den Pferden nicht

erwarten können, daß sie Verständnis haben für unser menschliches Fühlen und Handeln. Aber wir Menschen haben das Werkzeug dazu tief in unserem Inneren gespeichert, uns mit der Natur wieder auszusöhnen und ihre Gesetze zum Wohl des Menschen zu benutzen. Nur auf dieser Ebene wird es uns möglich sein, einen harmonischen Umgang mit dem Fluchttier Pferd zu bekommen.

»Sicher« oder »sicherer« reiten?

Auch heute, im hochtechnisierten Zeitalter, ist die Entwicklungsgeschichte des Menschen noch nicht abgeschlossen. Nach wie vor unterliegt die Menschheit der von Natur aus gegebenen Evolution. Den Menschen unterscheidet dabei von allen anderen Wesen die Tatsache, daß er die Fähigkeit zur Entscheidung besitzt. Somit hat der Mensch die Möglichkeit, die Qualität seiner stetigen Weiterentwicklung selbst zu bestimmen: Entwicklung durch Erkenntnis oder Entwicklung durch Schmerzerfahrung. Offensichtlich hat sich die Mehrheit unserer Gesellschaft dazu entschlossen, die eigene geistige Entwicklung durch Schmerzerfahrung vorantreiben zu lassen.

Die Rede des Indianerhäuptlings Seattle hat für viele Menschen erst heute, nach über 100 Jahren, ihren dramatischen Wahrheitsgehalt offenbart. Erst die zunehmende Zahl von Umweltkatastrophen hat nun doch viele zivilisierte Erdenbürger nachdenklich werden lassen. Immer mehr wird die Ahnung zur Gewißheit, daß der Mensch nur ein Faden ist im Netz des Lebens und nicht das Netz selbst.

Leider war diese aufkommende Einsicht nur durch Schmerzerfahrung möglich. Der Hintergrund einer Umweltkatastrophe oder eines Reitunfalls kann unter Umständen als der gleiche angesehen werden: mangelnder Respekt vor den Gesetzen der Natur! Bevor nun ein Wutschrei durch die Reiterszene geht oder Reiter/innen, die vielleicht durch einen Unfall bleibende Verletzungen davongetragen haben, sich empört abwenden, möchte ich die vorherige Aussage erläutern.

Reiten ist ein Sport, der sich mit dem Lebendigen beschäftigt. Pferde sind lebendige Wesen, die genau wie wir Menschen der Eigenart des Lebens unterliegen.

Leben ist Bewegung, Bewegung in eine Dimension, die in sich Veränderungen beinhaltet und nicht kalkulierbar sein kann. Wer behauptet, er könne das Reiten »sicher« machen, der müßte ein totes Pferd ausstopfen, damit keine Bewegung möglich ist. Nur Erstarrtes ist kalkulierbar. Aber selbst hierbei kann es noch zu einem Unfall kommen, wenn jemand das erstarrte Pferd besteigt und von der Erdanziehung auf den Boden gezogen wird. Das heißt, auf den Boden fällt und ein Opfer der natürlichen Gesetze geworden ist.

Ganz »sicher« werden wir das Reiten wahrscheinlich nie machen können. Aber wenn wir wieder lernen, nach den Gesetzen der Natur zu reiten, denen die Pferde, aber auch wir Menschen unterliegen, dann kann das Reiten harmonisch und sicherer werden.

Die kosmischen Gesetze der Harmonie

Nun sind bisher die Gesetze der Natur oft erwähnt worden. Was aber soll das nun sein, dem sogar der moderne Mensch des heutigen, hochtechnisierten Zeitalters unterliegt? Und wenn – ist es nicht möglich, »das Ganze« in den Griff zu bekommen? Schließlich wollen wir Menschen doch »das Gute« und »das Richtige«.

Genau hierin liegt die Problematik. Als Menschen entscheiden wir uns permanent für »das eine« und vernachlässigen darüber »das andere«. Damit klammern wir uns aus der Natur als einem Ganzen aus. Auf Dauer wird dieses Verhalten von der Natur mit Schmerz oder sogar mit Tod beantwortet.

Wie kann das sein? Stellen Sie sich vor: Sie wollen diese Seite jetzt umblättern, weil Sie das Geschriebene nicht akzeptieren können, weil es sich vielleicht nicht mit dem deckt, was Sie als »gut« oder »richtig« ansehen. Schon sind Sie eingebunden in die Gesetzmäßigkeit der Natur. Sie haben sich nur für das, an das Sie glauben, entschieden. Eine neue Erkenntnis ist zumindest erschwert.

Angenommen, Sie blättern jetzt doch um: Auch dann sind Sie eingebunden in die Gesetzmäßigkeit der natürlichen Abläufe. Um das Blatt greifen zu können, müssen Sie zum Beispiel einen Finger und den Daumen krümmen. Hierzu ist ein Wechselspiel der Anspannung und Entspannung von Muskeln, etwa eines Beugemuskels, mit der Entspannung und Anspannung seines Gegenspielers, des Streckmuskels, nötig. Würden Sie sich hier nur für einen Pol entscheiden, könnten Sie nicht einmal das Blatt greifen, und auf Dauer bekämen Sie bestimmt einen steifen Finger oder Daumen.

Vielleicht ist Ihnen schon einmal die Gegensätzlichkeit aufgefallen, die uns im Leben begleitet. Es gibt heiß und kalt, auf und ab, Ebbe und Flut, Sonnenaufgang und -untergang, hell und dunkel, Tag und Nacht, Anfang und Ende und so weiter. Überall begegnet uns dieser Wechsel im ständigen Wandel. Diesem ewigen Rhythmus sind auch wir Menschen unentrinnbar preisgegeben. Das *eine* bedingt das *andere*, wie bei: Mann und Frau, Ebbe und Flut, Krieg und Frieden, Liebe und Haß, Leben und Tod, Himmel und Erde. Aber auch bei folgenden Erscheinungen: schön und häßlich, nützlich und schädlich, fleißig und faul, dumm und klug, gut und schlecht gilt das Gesetz der sich gegenseitig bedingenden Kräfte.

Dieses faszinierende System wird Dualismus oder Gesetz der Polarität genannt. Wir finden es in der ganzen Welt. Immer stoßen wir auf diese zwei Seiten ein und derselben Kraft, die alles, was die Welt ausmacht, durchdringt. Ja, selbst das gesamte Universum ist gekennzeichnet durch diese kosmische Harmonie.

Zweifeln Sie noch, daß auch Sie dieser Gesetzmäßigkeit unterliegen? Dann empfehle ich Ihnen ein kleines Experiment:

Was finden Sie an Ihrem Atmen sinnvoller – das Ein- oder das Ausatmen? Das Einatmen? Nun gut, dann atmen Sie nur ein und vergessen Sie den Gegenpol. Achtung, machen Sie es nicht zu heftig, es könnte sein, daß es Ihnen schwindelig wird oder daß Sie sogar ohn-mächtig werden.

Ich kann mir vorstellen, daß Sie jetzt einen Beweis bekommen haben, daß das eine das andere bedingt und daß beide Kräfte aufeinander einwirken. Diese im ewigen Wandel sich befindenden Kräfte begleiten uns natürlich im täglichen Leben auf Schritt und Tritt, ob wir es wollen oder nicht. Auch wir Menschen sind eingebunden im kosmischen Geschehen.

Wenn wir das Glück haben, eine Pferdeherde beobachten zu können, die in ihrer Zusammenstellung schon längere Zeit existiert, so empfangen wir ein Bild der Harmonie und des Friedens. Jedes Pferd hat seinen Platz, wobei der Rangordnung entsprechend dem 1. Platz die gleiche Bedeutung zukommt wie dem 2. oder 3. oder sogar dem letzten Platz. Ein System, das von uns Menschen nur schwer zu akzeptieren ist, da es konträr zu unserem Überlebenskampf und unseren Konditionierungen steht.

Für die Pferde ist es selbstverständlich, daß der Stärkere dem Schwachen hilft und der Schwache dem Starken. Bei den Pferden braucht der Starke nicht den Schwachen noch schwächer zu machen, um seine eigene Stärke unter Beweis zu stellen. Hier in der Pferdeherde zieht keiner dem anderen Energie ab, um nach oben zu kommen oder um oben bleiben zu können. Der Starke wie der Schwache erfüllt die Aufgabe, die seinen Anlagen entspricht, von Natur aus für ihn vorgesehen ist. Hier kommt das Gesetz der Harmonie in wunderbarer Form zum Tragen, die sich gegenseitig bedingenden Kräfte, das Starke und das Schwache gehen eine Symbiose ein und bilden das harmonische Ganze. Ein System, das auf eine 60 Millionen Jahre alte erfolgreiche Tradition zurückblicken kann.

Sicherlich wird sich jetzt bei dem einen oder anderen der Widerspruchsgeist melden, und die schaurigsten Bilder von sich bekämpfenden Pferden werden beschworen. Dem will ich nicht widersprechen, aber ich bitte Sie zu überprüfen, ob Ihre immer wieder kämpfenden Pferde auch naturnah gehalten werden. Ist es diesen Daueraggressoren möglich, die Erwartungshaltung auszuleben, die ein Pferd an das Leben hat?

Bei der Beobachtung unserer Pferde bekomme ich immer wieder die natürlichen Gesetze der Harmonie in der Anwendung gezeigt. Das ranghohe Tier kommt, das rangniedere geht. Auf einen einfachen Nenner gebracht: Die Kommunikation der Pferde beruht auf dem System von Nehmen und Geben. Das Alphatier *gibt* ein Signal – das Betatier *nimmt* das Signal an und weicht aus. Damit gibt das schwächere Tier seinerseits ein Signal, welches nun der Stärkere annimmt und sein Treiben wandelt im Einklang mit den natürlichen Gesetzen. Dieses Verhalten zeigt aber auch, welche Erwartungen die Pferde an den Reiter und an den Reitstil haben. Lehrbuchhaft beschreiben sie selbst die Technik zu einem harmonischen Umgang und einer entsprechenden Reitweise. Das *eine* bedingt das *andere*, dem *Treiben* folgt das *Weichen*, aus dem *Führen* heraus ergibt sich das *Folgen*. Harmonie erwächst nur aus dem Gleichgewicht der sich gegenseitig bedingenden polaren Kräfte.

Das ist für uns westliche Menschen nur schwer zu akzeptieren, da wir gewohnt sind, uns für nur eine Seite der Medaille zu entscheiden. Es fällt uns schwer, das Ganze zu sehen oder zu akzeptieren. Unseren Erfahrungen entsprechend wollen wir nur das Richtige, das Schöne behalten. Wir können nur schwer verstehen, daß etwa der Anfang, und sei er noch so schön, schon das Ende beinhaltet. Der Schmerz, den wir als Menschen auf seelischer Ebene, oftmals auch auf der körperlichen, erleiden, liegt häufig in der Tatsache begründet, daß wir auf einer Seite der sich bedingenden Kräfte erstarrt sind. Die Pferde können uns hierin Lehrmeister sein, sie leben die von Natur aus vorgesehene Harmonie. Sie führen und folgen, sie treiben und weichen, sie geben und nehmen im ewigen Wandel der einen Kraft. Sie sind eingebunden und geborgen in dem einen Ganzen.

Hoffentlich ist bei Ihnen jetzt nicht der Eindruck entstanden, ich würde die Meinung vertreten: Nur um das Reiten und den Umgang mit der Natur sicherer zu gestalten, müßten wir wieder zurück in die Höhlen unserer Vorfahren. Nein, das Gegenteil ist der Fall. Ich möchte am Beispiel des Umgangs mit Pferden und des Reitens die Möglichkeiten zu mehr Sicherheit und vermehrter Lebensqualität aufzeigen, die nur dem hochentwickelten Menschen gegeben sind.

Voraussetzung hierfür ist, daß der Mensch beginnt, Bewußtseinsgrenzen zu durchbrechen, um die Rolle auszufüllen, die die Natur für ihn vorgesehen hat: als ganzheitlicher Mensch, dem es gelungen ist, seine in ihm angelegten polaren geistigen Kräfte, die Kraft der Logik mit der Kraft der Intuition, zu einer ganzheitlichen Kraft zu vereinigen.

Nur so kann der zivilisierte Mensch die geistigen Fähigkeiten ausschöpfen, die ihm allein als einzigem Wesen gegeben sind. Hierin liegt die Chance für einen friedvollen und heilsamen Umgang miteinander und mit der Natur.

»Trinken Sie erst Ihre Tasse Tee leer!«

Ein Professor der Theologie und der Geisteswissenschaft beabsichtigte, sein Wissen um die Lehre des Zen zu erweitern. Nach langen Recherchen entschied er sich für den nach seiner Meinung besten Zen-Meister. Diesen suchte er auf, und schon auf der Schwelle seines Hauses sagte der gelehrte Professor zu dem Meister, er habe ihn ausgesucht, um von ihm in Zen unterrichtet zu werden.

Der Meister bat den Professor mit den Worten herein: »Laß uns erst gemeinsam eine Tasse Tee trinken. Vielleicht erübrigen sich dann schon all deine Fragen!«

Nun wurde der Professor leicht ungeduldig. Hatte er sich doch den falschen Lehrer ausgesucht? Wie sollten sich durch Teetrinken all seine Fragen beantworten?

Der Meister stellte die Tassen auf den Tisch und begann die des Professors zu füllen – die Tasse wurde voller und voller. Der Meister schenkte weiter ein, der Tee lief über den Tassenrand, breitete sich auf dem Tisch aus und begann, auf den Anzug des Professors zu fließen. Dieser sprang auf und rief: »Hör auf mit dem Eingießen! Siehst du denn nicht, daß die Tasse schon längst voll ist?«

Darauf erwiderte der Meister: »So übervoll, wie diese Tasse ist, so voll bist auch du! Du bist so voll von überlaufendem Wissen – wie kann ich dir noch etwas geben? Werde erst leer und offen, damit ich dir etwas Neues geben kann!«

Wahres Wissen sieht man nicht

Zu Beginn unserer Kurse frage ich die Teilnehmer gerne danach, mit welchen Wünschen sie von zu Hause zu diesen Reiterferien entlassen wurden.

In der Regel bekomme ich dann zur Antwort: »Paß nur auf, daß du nicht vom Pferd fällst! – Laß dich nicht von den Pferden beißen! – oder: Paß auf, daß dich nicht ein Pferd tritt!«

Diese Empfehlungen sind sicher gut gemeint und wurden in der Regel auch mehr scherzhaft gesagt, stellen aber auch ein Indiz dafür dar, wie wir uns der gesamten Natur gegenüber fühlen. Was in grauer Vorzeit wie die Heimat für uns war, der Nährboden unserer Existenz, empfinden wir heute als uns feindlich und bedrohlich gegenüberstehend. Es wird in der Regel die Meinung vertreten, daß wir zivilisierten Menschen uns vor dieser gefährlichen natürlichen Welt, und somit auch vor Pferden, schützen könnten, indem wir sie bändigen und zähmen.

Daß die Natur nur schwer zu bändigen ist und letztlich als Ganzes doch Sieger bleibt, beginnt als Ahnung in immer mehr Menschen zu dämmern. Um aber nun einen neuen Weg gehen zu können, müßten wir zunächst, wie der Professor in der Parabel, unseren Tee austrinken. Das heißt, wir müßten altes Wissen und verkrustete Überzeugungen verdauen und loslassen, um Neues aufnehmen zu können. In der Zen-Lehre heißt es: »Wahres Wissen sieht man nicht.«

Wahres Wissen wird beschrieben als ein im Schneetreiben stehender Topf mit heißem Wasser. Der Schnee fällt ins Wasser, er löst sich auf und verbindet sich mit dem zuvor schon Dagewesenen.

Die wilde Natur –
an die Kandare nehmen

Was es für ein heikles Thema ist, Natur zu bändigen oder sich mit der Natur wieder zu versöhnen, können uns gebräuchliche Redensarten verdeutlichen: Über die Stränge schlagen, an die Kandare nehmen, zügellos sein sind alles Begriffe, die sich nicht auf die uns umgebende wilde Natur beziehen, sondern auf die Persönlichkeit des Menschen. Will uns hier der Volksmund darauf aufmerksam machen, daß wir auf der psychischen Ebene unsere eigene »zügellose« Natur selbst bändigen?

Die Konsequenz aus dieser Einsicht wäre: Nur wenn wir mit der eigenen wilden, »zügellosen« Natur ein Ganzes werden, können wir uns mit der Natur im Äußeren versöhnen und mit ihr wieder ein heilsames Ganzes bilden. Dann aber nicht mehr als seiner selbst in der Natur unbewußtes, sondern als hochentwickeltes Wesen mit allen geistigen Fähigkeiten, die den wahren Homo sapiens auszeichnen, den weisen Menschen.

TAO –
Der Weg der alten Meister

Die wunderbare Kunst einer Katze

Im Hause eines Fechtmeisters trieb eine große Ratte ihr Un-
wesen. Da sie sich mit der Zeit immer dreister aufführte und
sogar am hellichten Tag durch die Zimmer lief, schloß der
Meister den Raum ab, in dem sie sich im Moment befand, und
befahl seiner Katze, die Ratte zu erlegen. Die Katze war auch
redlich bemüht, die Ratte zu greifen, diese aber sprang der
Katze ins Gesicht und richtete sie arg zu.
Verärgert über diesen Mißerfolg holte der Hausherr einige
andere Katzen aus der Nachbarschaft, die sich schon als her-
vorragende Rattenfänger erwiesen hatten. Aber auch diesen

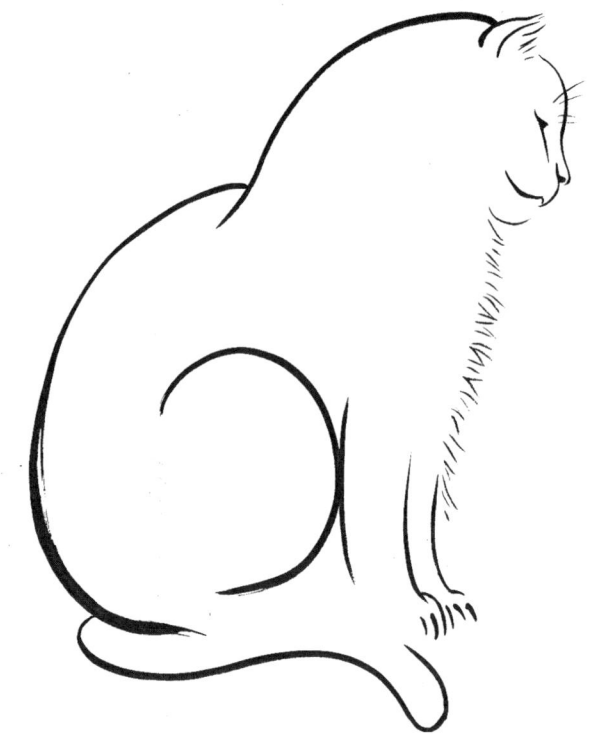

erging es nicht anders als der Hauskatze. So sehr sie all ihre erprobten Fangkünste anwandten, es nutzte nichts. Die Ratte sprang ihnen ins Gesicht, biß sie und jagte die Katzen, eine nach der anderen, in die Flucht.

Da wurde der Meister zornig und beschloß, die Ratte selbst zu beseitigen, aber so sehr er auch all seine erlernten Fechtkünste einsetzte, der Ratte konnte er nicht den Garaus machen.

So beratschlagte sich der Fechtmeister mit seinem Diener, was zu machen sei. Dieser berichtete von einer alten Katze, die die tüchtigste der Welt sein sollte. Die Katze wurde geholt und in das Zimmer gelassen, in dem sich die große, erfolgreiche Ratte noch befand. Insgeheim traute der Fechtmeister dieser herbei-geholten Katze keine besonderen Fähigkeiten zu, denn an ihr war nichts, womit sie sich von den anderen Katzen unterschie-den hätte. Neugierig verfolgte der Meister, wie die Katze ruhig und langsam ins Zimmer hineinging, so als erwarte sie gar nichts Besonderes. Zur Verblüffung des Meisters aber zuckte die Ratte zusammen und rührte sich nicht von der Stelle.

Die Katze ging ganz einfach auf sie zu, packte sie und brachte die Ratte im Maul heraus.

Am Abend versammelten sich die geschlagenen Katzen im Hause des Fechtmeisters um die wundersame Katze herum, um ihr Geheimnis des Erfolges zu ergründen. Jede einzelne er-zählte von ihrem Versuch, die Ratte auf die ihr eigene erlernte Art zu fangen.

Die erste sagte: »Bisher habe ich alle Rattenfänge meiner akro-batischen Technik zu verdanken. Aber bei dieser Ratte versagte meine Kunst, die ich von Kindheit an trainierte!« Da sagte die alte Katze: »Worin du dich geübt hast, ist nur Technik. Dein Geist aber ist besetzt von der Frage: Wie gewinnen? So haftest du ja noch am Zielen. Die rechte Weise des Weges, die die höchste Wahrheit einschließt, hast du somit verfehlt!«

Nun trat eine große, schwarze Katze vor und sprach: »Ich

meine, es kommt nur auf den Geist an; darum habe ich mich in dieser Kraft geübt. So ist mir, als sei mein Geist »stahlhart« und frei und geladen von dem Geist, der Himmel und Erde erfüllt. Sehe ich den Feind, schon schlägt dieser allgewaltige Geist ihn in den Bann, und ich gewinne den Sieg schon im voraus. Erst dann gehe ich vor. Ich richte mich nach dem »Klang« des Gegners, banne ihn, wie es mir beliebt. Die Technik kommt dabei von alleine. Eine Ratte, die über einen Balken läuft, starre ich nur an, schon fällt sie herunter und ist mein. Aber diese geheimnisvolle Ratte da kommt ohne Gestalt und geht ohne Spur. Was ist das? Ich verstehe das nicht!«

Zu dieser Katze sagte die Alte: »Der Geist, um den du dich bemüht hast, ist doch nur eine psychische Kraft. Daß du dir der Kraft, mit der du siegen willst, bewußt bist, wirkt dem Siegen entgegen. Dein Ich ist im Spiel, was ist aber, wenn das Ich des Gegners stärker ist?«

Nun meldete sich eine ältere, graue Katze: »Ich versöhne mich mit dem Gegner, werde eins mit ihm und widersetze mich ihm überhaupt nicht. Ist der andere stärker, so gebe ich einfach nach. Meine Kunst besteht darin, die fliegenden Kieselsteine in einem losen Vorhang aufzufangen. Eine Ratte, die mich angreift, findet nichts vor, worauf sie sich stürzen, nichts, worauf sie ansetzen könnte. Aber die Ratte heute ging nicht auf mein Spiel ein, sie kam und ging, unfaßbar wie Gott!«

Da sagte die alte, wundersame Katze: »Deine gemachte Versöhnlichkeit kommt nicht aus dem Wesen, nicht aus der großen Natur. Was immer du mit bewußter Absicht tust, schränkt die ursprüngliche und aus dem Verborgenen wirkende Schwingung der großen Natur ein. Nur wenn man an nichts denkt, wenn du nichts machst, sondern dich mit deiner Bewegung der Schwingung des Wesens überläßt, hast du keine greifbare Form mehr, und es kann keine Gegenform geben und somit auch keinen Feind, der widerstehen kann!«

Dann sagte die alte Katze zu allen, die ihr zuhörten: »Ich bin nicht der Meinung, daß alles, worin ihr euch geübt habt, zwecklos sei. Alles kann eine Weise des Weges sein. Auch Technik und Tao können ein und dasselbe sein. Nur auf eins kommt es an: daß kein Hauch von Ich-Bewußtsein im Spiel ist. Nur wenn du wandelst, ohne zu handeln, ohne Absicht und Tricks, im Einklang mit der großen Natur, bist du auf dem rechten Weg. So lasse man jegliche Absicht, übe sich in der Absichtslosigkeit und lasse es einfach aus dem Wesen geschehen. Dieser Weg ist ohne Ende, unerschöpflich!«

Aber dann fügte die alte Katze noch etwas Erstaunliches hinzu: »Ihr müßt nicht meinen, daß das, was ich tue, das Höchste ist. In meinem Nachbardorf lebte eine Katze, die schlief den ganzen Tag. Etwas, das nach geistiger Kraft aussah, war nicht an ihr zu bemerken. Niemals hatte man gesehen, daß sie eine Ratte fing. Aber wo sie war, da gab es ringsherum keine Ratten, und wo immer sie auftauchte oder sich niederließ, war keine Ratte zu sehen!«

(Die ungekürzte Fassung dieser Geschichte ist im Buch »Die wunderbare Katze« von Karlfried Graf Dürckheim enthalten; © by O.W. Barth Verlag Bern und München)

T'ai Chi für Reiter

Alles bisher Gesagte bestand fast nur aus theoretischen Überlegungen. Aber was können wir nun praktisch tun, um uns aus der Rolle zu befreien, die wir freiwillig eingenommen haben? Wie können wir beispielsweise den Umgang mit den Pferden und das Reiten sicherer und harmonischer gestalten?

Die bloße Vorstellung, daß der Mensch das verlorene »Urvertrauen« wieder zurückgewinnen müsse, indem er sich wieder als ein Ganzes fühlt, geborgen im kosmischen Geschehen, bleibt auch nur reine Theorie. Einen möglichen praktischen Weg möchte ich Ihnen aus eigener Erfahrung mit diesem Buch vorstellen.

In den frühen achtziger Jahren kam ich zum ersten Mal in Berührung mit einer ganzheitlichen Lehre, die auf eine jahrtausendealte Geschichte zurückblicken kann. Als wir westlichen Menschen uns noch mit Keulen auf die Köpfe schlugen, gab es im asiatischen Raum schon Denker, die sich mit der zuvor beschriebenen ganzheitlichen Theorie auseinandersetzten. Sie entwickelten eine Naturphilosophie – das Tao.

Der Kern dieser Philosophie richtet sich nach den von der Natur vorgegebenen Gesetzen. Nach der Überzeugung der Taoisten besteht Harmonie von Natur aus, von Anfang an zwischen Himmel und Erde. Jedoch wird gleichzeitig auch die Überzeugung vertreten, daß die Harmonie in desto weitere Ferne entschwindet, je mehr der Mensch die durch allumfassende Gesetze geschaffene und gelenkte natürliche Ausgewogenheit verändert.

Auch in unserem Kulturkreis beginnt diese Überzeugung immer mehr Menschen als Ahnung zu dämmern. Allzulang herrschte die Ansicht vor, daß der Mensch alleine, als Krönung der Schöpfung, allen anderen Erscheinungsformen überlegen sei und sie zu seinem Nutzen beherrschen und ausbeuten dürfe. Nach dieser Denkweise ergibt sich der Wert der Natur aus ihrer Nützlichkeit für den Menschen.

In den Überlieferungen alter Kulturen finden wir dagegen den Hinweis, daß der Mensch ein Teil eines vielfältigen, in sich verflochtenen Universums ist. In diesem komplexen System wirken alle Erscheinungsformen in wechselseitiger Beziehung aufeinander ein, wobei jedem Teil, unabhängig von Größe und Beschaffenheit, die gleiche Bedeutung zukommt. Darüber hinaus wird die Ansicht vertreten, daß der Mensch die Macht dazu besitzt, diese kosmische Ordnung zu stören.

Hierzu hat uns am eindringlichsten die Botschaft der Indianer des amerikanischen Südwestens erreicht: Alles, was wir Menschen der Natur antun, tun wir uns selbst an.

Aber die Naturvölker haben uns nicht nur Drohungen und Prophezeiungen hinterlassen, sondern vor allem konkrete Hilfen. Überzeugende Hilfen zur heilsamen Versöhnung mit der Natur habe ich auch im überlieferten Gedankengut der Taoisten gefunden. Die vielleicht aufkommende Sorge des Lesers, ich wolle ihn mit diesem Buch vom Taoismus überzeugen, kann ich sicher gleich wieder beschwichtigen. Denn das Verblüffende ist, daß der Taoismus keine Religion in unserem abendländischen Sinne ist. Aber als Naturphilosophie bietet uns diese Lehre konkrete, praktische Hilfen, wie wir alle Bereiche unseres Lebens gesund und harmonisch gestalten können.

So erkannte ich die asiatische Kampfsportart T'ai Chi Ch'uan mit ihrer zugrundeliegenden Philosophie, aber vor allem mit praktischen Übungen und Techniken, als eine wesentliche Grundlage für ein »sichereres« und entspanntes Reiten. Dabei haben wir die Möglichkeit, uns streng an die Prinzipien dieser traditionellen Bewegungslehre zu halten,

und kreieren dadurch eine eigene Reittechnik. Das Faszinierende daran, die Grundregeln des T'ai Chi in Bezug zum Reiten zu bringen, besteht darin, daß jeglicher Reitstil davon profitieren kann, wobei die Stilrichtung eigenständig erhalten bleibt.

Besonders in den letzten Jahren »boomt« es in der Reiterszene mit neuen Stilrichtungen. Das Tao in der Kunst des Reitens kann hier nicht mit einbezogen werden, denn es ist nicht »neu«. Diese Reitweise oder der entsprechende Umgang mit Pferden bezieht sich auf eine jahrtausendealte Tradition, die wiederum einer Gesetzmäßigkeit entspricht, die seit Anbeginn aller Dinge zwischen Himmel und Erde besteht.

Noch vor wenigen Jahren waren die Praktiken der Taoisten in unserem westlichen Kulturkreis kaum bekannt. Das dem T'ai Chi zugrundeliegende Wissen war über Jahrtausende auf einen Kulturkreis begrenzt und auch hierin nur besonderen Gesellschaftsschichten zugänglich. Erst in den siebziger Jahren konnten die erprobten Praktiken der chinesischen Meister in kurzer Zeit von uns westlichen Menschen aufgenommen werden.

Es ist wohl auch ein Beweis für die Flexibilität der taoistischen Philosophie und den daraus begünstigten verschiedenen Einsatzmöglichkeiten, daß ein Siegeszug um die ganze Welt möglich wurde. Begriffe wie beispielsweise Fußreflexzonenmassage, Akupunktur, Meridianmassage, Chi Kung und T'ai Chi bereicherten die uns bekannte Weltanschauung und brachten vielen Menschen Genesung und Hilfe für Körper, Seele und Geist. Daß dennoch vielen Menschen die traditionellen chinesischen Praktiken noch immer unbekannt sind oder sie als befremdend empfunden werden, liegt wohl daran, daß dieses uralte Wissen erst seit ca. 1970 durch den sogenannten »Fall der Chinesischen Mauer« für uns im Westen zugänglich wurde.

Vielleicht erinnert sich der eine oder andere Leser noch an die »Ping-Pong-Diplomatie«. Sie wurde so benannt, weil begleitend zu den ersten diplomatischen Kontakten zwischen den USA und der Chinesischen Republik Tischtennis-Wettkämpfe ausgetragen wurden. Ich kann mich noch gut erinnern, wie befremdend auf uns junge Menschen die Art wirkte, wie die chinesischen Sportler den Schläger in den Händen hielten. Ich denke, es war der Erfolg der Chinesen, der die westlichen Sportler dazu veranlaßte, den Tischtennis-schläger nun ebenso anzufassen, nur wurde diese Art jetzt »Pencil holder style« genannt.

Heute finden wir nichts Ungewöhnliches mehr an dieser Handhaltung. Der Erfolg der chinesischen Sportler erbrachte den Beweis für das Bessere und das Erfolgreichere. So wurde, in diesem Fall ohne körperliche Schmerzerfahrung, für die westlichen Tischtennissportler aus dem befremdenden Unbekannten das vertraute Bekannte.

Die Prinzipien des T'ai Chi, die Grundlage des harmonischen Reitens

Unseren Reit- und Erlebniskursen haben wir eine T'ai Chi-Form zugrunde gelegt, die von dem Meister Al Chung-liang Huang entwickelt wurde. Er gab diesem Bewegungsablauf den Namen »Die Form der Elemente«. Im T'ai Chi werden die aufeinanderfolgenden Bewegungen als ein Ganzes mit Form benannt.

Es gibt verschiedene Stilrichtungen, aber alle unterliegen den gleichen Prinzipien. Sicherlich kann es sinnvoll sein, als Vorbereitung zum sanften, harmonischen Reiten die Prinzipien des T'ai Chi in einer Form zu erleben. Aber das Wesen der Prinzipien können Sie auch während des Tee-Einschenkens erleben oder während Sie Ihrem Pferd ein Halfter anlegen. Allein, wenn Sie die wichtigsten Prinzipien des T'ai Chi in Bezug zum Reiten bringen, werden bestimmt auch in Ihnen Bilder wach von einer ganz besonderen Qualität des Reitens:

* Aufrecht, ausgewogen, stetig, einheitlich, sanft, leicht, rund und belebt

* Loslassen, entspannen, sinken, wurzeln, voll und leer, öffnen und schließen

* Keine Kraft, koordinierte Bewegung, geistige Sammlung und Aufmerksamkeit

Können Sie sich vorstellen, wie aufregend ich es fand, Anfang der achziger Jahre den Bezug der Prinzipien, das Herzstück des T'ai Chi Ch'uan, zum Reiten zu erkennen und den Wert der Übungen zu erleben, wie beispielsweise:

Achtsamkeit in voller Gelassenheit
Vorbereitendes mentales Training
Die Kraft des Geistes
Energie fühlen und lenken
Die natürliche Atmung
Das Zentrieren in der »Mitte«
Das natürliche offene Schauen
Die energetische Haltung

Das Wesen der Prinzipien zu erfahren, empfand ich wie ein Geschenk, als ich die Wirkung auf den Menschen, auf die Pferde und aufs Reiten erfuhr. Als ob ein feuerspeiender Drache eifersüchtig über einen Schatz gewacht hätte und erst jetzt vom Geist der Zeit verdrängt worden wäre, so daß nun der Zugang zu dem Wissensschatz zum Wohle aller Menschen möglich sei.

Unsere moderne Zeit wird immer schnellebiger. Waren es in den letzten Jahrtausenden die Pferde, die den Menschen Zeit und Raum schneller überbrücken ließen, sind es heute technische Geräte, die uns schneller »voran« bringen. In alten Zeiten wurden die taoistischen Praktiken in Klöstern und in den Herrschaftshäusern geübt, und es gehörte mit zur Tradition, daß man sehr viel Zeit hatte. Heute haben sich die traditionellen chinesischen Lehren und Praktiken wie ein Lauffeuer um die Welt verbreitet und unterstützen damit auch die Entwicklung der gesamten Menschheit.

Die Botschaft der T'ai Chi-Meister –
Der Schlüssel zur Harmonie

Die Grundlagen des T'ai Chi sind in historischen Schriften festgehalten. Die Technik ist mit Beständigkeit leicht zu erlernen, aber die wesentliche Erfahrung dieser Bewegungskunst ist nur schwer zu vermitteln. Hier trifft ein Zitat zu, welches man Laotse zuschreibt:

»Wer es weiß, der sagt es nicht,
und wer es sagt, der weiß es nicht.«

Die natürlichen Gesetze der Harmonie in der Praxis zu erleben macht den besonderen Reiz des T'ai Chi aus und sorgt für den Erfolg. Diese Gesetze sind, wie in einer verschlüsselten Botschaft, auch für uns Reiter in den Übungen der alten T'ai Chi-Meister enthalten. Wer diese Botschaft versteht und sie in Bezug zum Reiten bringt, dem wird ein Schlüssel in die Hand gegeben für ein harmonisches und energetisches Reiten.

Diesen Schlüssel bekam ich zufällig in die Hand, als für mich der Umgang mit Pferden intensiver wurde und ich parallel dazu mit den T'ai Chi-Übungen begann. Wie aus einem Dornröschenschlaf erweckt, empfinde ich auch heute noch den Zauber, den die Übungen auf Pferd und Reiter ausüben.

Ich kann mir denken, daß es Ihnen ähnlich gehen wird wie mir vor Jahren: unvorstellbar, daß die zugrundeliegenden Prinzipien einer einzigen, unserer Kultur fremden Bewegungslehre Grundstützen für ein sichereres, harmonisches und energetisches Reiten sein könnten.

Und dennoch ist es so. Als ob die alten Meister auch an uns Reiter gedacht hätten, als sie diese Bewegungslehre entwickelten.

Die Philosophie des T'ai Chi

Die jahrtausendealte Lehre der Taoisten wird im allgemeinen auf Laotse zurückgeführt (ca. 600 Jahre v. Chr.). Laotses Schrift, das Tao Te King, gilt als das grundlegende Werk des Taoismus. Nach dieser Lehre erwächst aus dem »Ganzen-Einen-Undifferenzierten« (Tao) die Zweiheit als die sich gegenseitig bedingende Energie. Diese sich gegenüberstehenden polaren Kräfte machen alle Erscheinungsformen dieser Welt aus. Sie werden mit Yin – weiblich – und Yang – männlich – bezeichnet.

Auch für uns westliche Menschen ist kein verstandesmäßiges Denken möglich ohne kontrastierende Abgrenzungen und Vergleichsmöglichkeiten. In den chinesischen Schriftzeichen wird die ursprüngliche Bedeutung von Yin und Yang dargestellt als der unablässige Wandel von Schatten und Sonne auf den Hängen eines Berges. Es ist eine Lehre, die besagt, daß alle Kräfte der Natur in ständiger Wechselbeziehung zueinander stehen, so wie der Tag auf die Nacht folgt und die warme Jahreszeit auf die kalte. Yin und Yang finden sich in den Gegensätzen voll und leer, dunkel und hell, oben und unten, vorne und hinten, plus und minus, stark und schwach, schnell und langsam, Liebe und Haß, Glück und Leiden, usw.

Es war wohl der lebensbejahenden Veranlagung der Chinesen und ihrem Hang zum Praktischen zu verdanken, daß die Lehre vom Tao alle Bereiche der chinesischen Kultur, der Malerei, Literatur, Philosophie, medizinischen Wissenschaft, die Kriegs- und die Kampfkünste sowie das gemeinschaftliche Leben beeinflußten. So entwickelte sich auch mit den Jahren aus den Prinzipien des Yin und Yang eine Kampfsportart, das T'ai Chi Ch'uan.

In dem T'ai Chi-Zeichen kommen die sich gegenseitig bedingenden polaren Kräfte zum Ausdruck und verdeutlichen noch einmal die Naturphilosophie der Taoisten.

T'ai drückt die Empfindung aus für das in der Mitte zentrierte Gefühl des physischen und mentalen Selbst.

Chi ist der Begriff für die alles durchdringende und alles verbindende Lebensenergie.

Ch'uan ist der Begriff für Faust.

Die Kampfsportart, die im Sinne der taoistischen Philosophie ausgeübt wird, heißt *T'ai Chi Ch'uan.*

Ursprung und Geschichte des T'ai Chi

Der Begriff *T'ai Chi* läßt sich weit zurückverfolgen, bis in eine vorgeschichtliche Zeit hinein, die »die Epoche der mythischen Herrscher« genannt wird.

Fu Hsi, einer der Herrscher dieser Epoche, schuf das T'ai Chi-Symbol. Auf ihn ist auch das Konzept der acht Trigramme zurückzuführen, aus denen sich das Buch der Wandlung entwickelt hat, das I Ging, gemeinsam mit dem Nei Ching (Sun Wen), dem ältesten medizinischen Werk Chinas (um 2.000 v. Chr.). Beide beziehen sie sich bereits auf die Lehre vom Tao.

Es ist vorstellbar, daß die Grundidee des T'ai Chi bis zu dem Augenblick zurückgeht, als der Mensch sich seiner selbst als eigenständiges Wesen bewußt wurde. Dieses neue Gefühl für sich selbst hat das Bedürfnis geweckt, sich in der Umwelt neu zu orientieren. So kann in grauer Vorzeit T'ai Chi entstanden sein.

Es gibt einige Erzählungen über die Entstehung des T'ai Chi. So soll schon 2.200 v. Chr. der Kaiser Yü Körperübungen angeordnet haben, die Tierbewegungen nachempfunden waren. In Verbindung mit Heilpflanzen sollten sie zur Gesunderhaltung und zur Vorbeugung gegen Krankheiten beitragen.

Andere Überlieferungen berichten von Eremiten, die T'ai Chi vor langer Zeit zur Meditation in Bewegung und zur Selbstverteidigung entwickelten (T'ai Chi wird auch häufig als »Schattenboxen« dargestellt). Auch wird von einem Mönch berichtet, der in der Zeit der Tang-Dynastie gelebt haben soll. Er beobachtete den Kampf zwischen einer Schlange und einem Vogel und erkannte hierin die Grundlagen des T'ai Chi. Diese Überlieferung bezieht sich auf die Zeit 618-906 n. Chr.

Wer sich aber in der Praxis des T'ai Chi übt, für den wird der Ursprung dieser Bewegungslehre nachvollziehbar, wenn das Bedürfnis nach Geborgenheit, nach Einheit mit der Natur Erfüllung findet.

TAO –
DER WEG DER PRAXIS

Nur ein kleiner Fehler

Der Tradition der Zen-Lehre entsprechend suchte ein besonders eifriger Schüler seinen Meister auf. Es war ein regnerischer Tag. Eilig und voll ungeduldiger Erwartung erreichte der Schüler das Haus des Meisters und trat in dessen Zimmer ein. Seine durchnäßten Schuhe und den Regenschirm hatte er draußen zurückgelassen.

Mit dem sicheren Gefühl, gut vorbereitet zu sein, trat er vor, grüßte und erwartete des Meisters Fragen.

»Auf welcher Seite deiner Schuhe hast du den Regenschirm abgestellt?«

Der Schüler war verblüfft. Was sollte diese Frage? Schließlich war er auf »Großes« vorbereitet. Was hatte diese Frage mit Spiritualität, mit dem Tao oder der Zen-Lehre zu tun?

Der Schüler konnte keine Antwort geben. Wen interessiert es schon, auf welcher Seite der Schuhe man seinen Schirm abstellt?

Er wurde von seinem Meister abgewiesen. »Kehre um und meditiere weitere sieben Jahre!«

»Noch sieben Jahre!« rief der Schüler. »Nur wegen dieses kleinen Fehlers?«

»Fehler sind nicht klein oder groß«, entgegnete der Zen-Meister. »Du lebst nicht bewußt, das ist das Entscheidende.«

Acht Schritte zum sichereren Reiten

Inhaltlich beschäftigt sich dieses Buch mit dem philosophischen Hintergrund des ganzheitlichen Reitens. Der praktische Teil dieser Reitweise würde den Rahmen eines einzigen Buches sprengen und bildet deshalb einen gesonderten Band. Dieses Buch wird Ihnen dennoch einen praktischen Weg aufzeigen, den Sie Schritt für Schritt selbst gehen können. Dieser Weg beinhaltet acht Schritte und verbindet in taoistischer Tradition den Weg mit dem Ziel.

Der 1. Schritt:
Achtsamkeit in voller Gelassenheit

Hab acht

Sicherlich ist es kein Zufall, daß es acht Schritte sein sollen, die uns einen Weg weisen zur vermehrten Sicherheit. So erzählt uns das Wort *acht* schon von dem Prinzip »Hab acht«. Dieses Prinzip ist auch von den weiteren Schritten nicht zu trennen und überspannt und verbindet alle weiteren Praktiken.

Dies kommt auch zum Ausdruck, wenn wir uns die Zahl 8 als solche anschauen. Es gibt keinen Anfang und kein Ende, alles ist miteinander verbunden und erzählt uns von der Unendlichkeit. Auch in der Lemniskate, die als liegende Acht dargestellt wird, kommt die Unendlichkeit aus ganzheitlicher Sicht zum Ausdruck.

Der Weg ist das Ziel

Der gleiche Gedanke, daß Anfang und Ende ein Ganzes »ist«, wird auch in der fernöstlichen Weisheit »Der Weg ist das

Ziel« beschrieben. Nach taoistischer Überzeugung verschmilzt der Weg mit dem Ziel zu einem Ganzen.

Für uns westliche Menschen ist das nur schwer nachvollziehbar. In der Regel sind wir so geprägt, daß wir Erfolg haben wollen, und um Erfolg zu bekommen, richten wir unsere ganze Konzentration auf den Erfolg, der in der Zukunft liegt. Anders in der T'ai Chi-Praxis: Da ist alle Achtsamkeit auf den Weg zum Ziel, das heißt, auf den Augenblick im *Hier* und *Jetzt* gerichtet.

Je mehr es uns gelingt, unsere Achtsamkeit auf diesen Zeitraum zu richten, desto klarer werden wir von den Pferden wie Herdengenossen verstanden. Denn Pferde leben immer, ihrem Selbsterhaltungstrieb entsprechend, im Hier und Jetzt.

Als Fluchttiere können sie es sich nicht leisten, sich so wie wir Menschen darüber Sorgen zu machen: Was esse ich morgen? Sie wären selbst schon längst aufgefressen worden, wenn sie nicht ihre Achtsamkeit auf den Augenblick zwischen Vergangenheit und Zukunft gerichtet hätten. Auch hierin sind Pferde wahre T'ai Chi-Meister. Eine Kernaussage des T'ai Chi: »Tue das, was du tust«, trifft auf Pferde voll zu. Für uns, die wir den Weg des Tao gehen wollen, ist diese Weisheit nicht nur auf die Trainingszeit mit Pferden begrenzt. Wir werden keinen Unterschied mehr machen zwischen Trainingszeit und Nicht-Trainingszeit.

Wenn Sie beginnen, die Zeit des gesamten Tages, gleichgültig, was Sie tun, als Trainingszeit zu begreifen, dann haben Sie sich schon aufgemacht, Ihren Weg zu gehen.

Die Prinzipien des T'ai Chi können Sie zu jeder Zeit und bei allen Beschäftigungen üben.

Sie werden es erleben, daß es keinen Unterschied macht, ob Sie eine Tasse Tee einschenken oder Ihrem Pferd ein Halfter anlegen. Den Unterschied werden Sie darin fühlen, wie Sie es tun.

Sind Sie nervös, zappelig und unachtsam, wird beim Eingießen einer Tasse Tee vielleicht die Tasse scheppernd umgestoßen, und der Tee wird einen großen Flecken auf der Tischdecke hinterlassen. Gehen Sie in gleicher Verfassung zu Ihrem Pferd, kann Ihnen Ähnliches geschehen. Der Unterschied ist nur, daß Sie jetzt vielleicht einen großen blauen Fleck am Bein oder sonstwo haben.

»Der Weg ist das Ziel« sagt aber auch darüber etwas aus, daß viele Wege nach Rom führen. Das heißt, es gibt viele Stilrichtungen oder Möglichkeiten, das Reiten zu lernen oder den selbst praktizierten Reitstil zu optimieren. Es wäre nicht im Sinne des ganzheitlichen Gedankens zu sagen: »Nur diese eine Stilrichtung ist die einzig richtige!« Was Sie im Sinne des ganzheitlichen Reitens » falsch« (unheilsam) machen könnten, wäre, unachtsam zu reiten.

Achtsamkeit in den Umgang mit Pferden und in den Reitstil zu bringen, damit ist schon die erste Hürde genommen auf unserem Weg zur Harmonie und zu mehr Sicherheit – und wer möchte, zu mehr Erfolg.

Die Auswirkungen von Achtsamkeitsübungen werden Sie in allen Bereichen des täglichen Lebens selbst erfahren. Welchen Erfolg Sie in der Freizeit oder im Berufsleben durch vermehrtes achtsames Wahrnehmen erreichen können, werden Sie selbst erleben, so wie natürlich auch die positiven Auswirkungen auf Ihr Wohlsein.

Wie wertvoll Achtsamkeit im Umgang mit Pferden sein kann, möchte ich mit der folgenden Erlebnisschilderung verdeutlichen:

Einer Kaufinteressentin für eines unserer Pferde führte meine Frau unsere zweijährige Quarterhorse-Stute Lady vor. Da die Stute die letzten drei Monate ausschließlich in der Herde gelebt und nur wenig Kontakt zu uns Menschen gehabt hatte, war selbst ich überrascht über die harmonische

Vorstellung, die uns die beiden gaben. Als ob Lady mit meiner Frau durch ein magisches Band verbunden wäre, bildeten Pferd und Mensch ein Ganzes. Ohne Halfter und Führstrick folgte Lady Marlis in alle Richtungen. Aufmerksam blieb sie stehen, sobald ihre Führerin stehenblieb. Marlis ging rückwärts, Lady folgte im gleichen Takt rückwärts, ohne hierzu besonders aufgefordert zu werden.

Anschließend zeigte meine Frau diese Art der Bodenarbeit im Laufschritt, und auch hier lief Lady immer im gleichen Abstand mit: Stopps aus vollem Lauf, Wendungen zum Zaun, Wendungen nach innen, auf Marlis zu und um sie herum.

Wir Zuschauer waren begeistert von diesem Beispiel wahrhaft harmonischer Verbindung zwischen Mensch und Pferd. Selbstverständlich wollte nun auch die Kaufinteressentin es einmal ausprobieren. Wie würde die Stute auf sie reagieren?

Unsere Kaufinteressentin räumte sogleich ein, daß sie Lady nur mit Halfter und am losen Führstrick »führen« wolle. Lady folgte artig, so wie sie es von uns gelernt hatte: aufmerksam und in einem achtungsvollen Abstand. Doch dann: Lady wurde im Schritt langsamer und blieb ohne Aufforderung stehen. Die Pferdeführerin folgte dem Beispiel des Pferdes. Danach wollte sie die Stute wieder führen, aber nun klappte gar nichts mehr. Lady machte, was sie wollte.

Was war geschehen? Es war etwas geschehen, ein Vorgang, der den meisten, die zusahen, gar nicht aufgefallen war. Der Mensch und das Pferd hatten die Führungsrolle gewechselt. Aber wie?

Es war doch nichts besonders »Großes« vorgefallen. Als die Stute während des Führens am losen Seil von sich aus stehengeblieben und der Mensch gefolgt war, war für Lady die Rangordnung neu festgelegt. Das Pferd Lady wurde Chefin über den Menschen, mit allen Konsequenzen. Für den Menschen nur schwer nachvollziehbar, vom Pferd sofort und unmittelbar gelebt.

So eine »große Wirkung« nur wegen eines so »kleinen« Fehlers? In der Beurteilung der Fehler sind die Pferde wie die Zen-Meister. Für sie gibt es keine »großen« und »kleinen« Fehler. Wie die Zen-Meister deuten sie an: »Kehre um und übe weitere sieben Jahre.«

Nun gut – es müssen nicht sieben Jahre sein. Doch eines steht fest: Um den Umgang mit Pferden schwierig zu machen, braucht es mitunter nur Sekunden der Unachtsamkeit. Um jedoch ein Fehlverhalten wieder dauerhaft zu korrigieren, braucht es bestimmt einiges mehr an Zeit.

Da den Pferden die Fähigkeit zum logischen Denken fehlt, ist es für uns überwiegend logisch denkende Menschen schwierig, das Verhalten der Pferde zu verstehen. Pferde leben im Augenblick. Dieser Moment aber ist »ewig«, so daß die Auswirkung selbst des kleinsten Fehlers bis in alle Ewigkeit fortdauert, wenn er nicht korrigiert wird.

Achtsamkeit – Überbrückung der Gegensätzlichkeiten

Das verbindende Glied zwischen den polaren Kräften ist die Achtsamkeit. Sie läßt das »Ganze« wachsen, verbindet Führen und Folgen, Öffnen und Schließen, Treiben und Weichen, aber auch hart und weich, wild und sanft.

Unsere Welt unterliegt den Gesetzen der Polarität. Nehme ich einen Pol weg, entsteht Disharmonie in den verschiedensten Auswüchsen. Nur der Einklang der sich gegenseitig bedingenden Energien erzeugt das, was wir Harmonie nennen.

Selbstverständlich unterliegt auch das sanfte Reiten den Gesetzen der Natur. Ich bin mir durchaus bewußt, daß ich mit der folgenden These ein heißes Eisen anpacke und vermutlich bei vielen auf Ablehnung stoßen werde. Ich behaupte nämlich: Wirklich und ausschließlich sanfter Umgang mit Pferden (Yin-Energie) ist aufgrund der kosmischen Gesetze nicht möglich. Gehe ich mit den Pferden immer nur sanft, sanft und sanft um (Yin-Energie), wird es nicht lange dauern, und die Pferde beginnen, den natürlichen Gesetzen entsprechend den Gegenpol, das Wilde (Yang-Energie), zu leben.

Den kosmischen Gesetzen können aber auch wir Menschen nicht entrinnen. Das Gesetz der sich gegenseitig bedingenden Energien holt uns immer wieder ein, nur leider oft als schmerzvolle Erfahrung – im Großen wie im Kleinen. Sei es im Umgang mit Pferden oder im Umgang mit unserem Lebensraum, die Wirkung der natürlichen Gesetze ist die gleiche. Nach taoistischer Überzeugung ist Harmonie dann möglich, wenn wir uns im Fluß der sich im ewigen Wandel befindenden, sich gegenseitig bedingenden Energien Yin und Yang befinden – wobei es nie reines Yin, nie reines Yang gibt, sondern das eine auch immer im anderen vohanden ist.

Für uns westlich geprägte Menschen ist es nur allzu selbstverständlich, uns permanent zu entscheiden: für das eine oder das andere. Und natürlich sind wir bemüht, uns immer für das zu entscheiden, was wir selbst als »gut« und »richtig« empfinden. Es entspricht nicht dem gewöhnlichen westlichen Denken, daß das eine das andere bedingt und daß beides aufeinander wirkt. Es fällt uns schwer zu verstehen, daß wir, indem wir uns für die eine Seite entscheiden, die andere unterstützen.

Daß dem so ist, ist aber auch unserem abendländischen Kulturkreis nicht gänzlich unerschlossen geblieben. In Goethes »Faust« finden wir ein Beispiel für die sich gegenseitig bedingenden, die aufeinander wirkenden Energien. Als Faust Mephisto fragt: »Nun gut, wer bist du denn?«, erhält er als

Antwort: »Ein Teil von jener Kraft, die stets das Böse will und stets das Gute schafft!«

Natürlich wirken diese Kräfte auch andersherum: Ein Teil von jener Kraft, die stets das Gute will und stets das Böse schafft ...

Goethe gibt uns hier einen Beweis dafür, daß die Naturphilosopie der Taoisten – zwar in anderen Begriffen und in schwächerer Ausprägung – auch in unserem Kulturkreis verwurzelt ist. Der Unterschied: Den Taoisten ist es gelungen, mit Hilfe von Übungen und Techniken einen Weg zu zeigen, der es uns ermöglicht, wieder mit den Kräften der Natur in Einklang zu kommen.

Ich hoffe, die alten Meister werden es mir nachsehen, wenn ich den Lesern dieses Buches einige Übungen vorstelle, die das Reiten nicht nur sicherer, sondern auch – westlich ausgedrückt – effektiver werden lassen.

Den taoistischen Meistern ist es geglückt, eine Philosophie ins menschliche Bewußtsein zu heben, die im Prinzip in allen Menschen schlummert. Die von den Meistern entwickelten Anweisungen, Übungen, Praktiken gehen den Mittelweg.

Als Vermittler wird von Zen-Lehrern das sogenannte »nicht wertende Gewahrsein« beschrieben. Dieses – uns westlichen Menschen eher fremde – Gewahrsein ist den Pferden keineswegs fremd. Im Gegenteil. Es hat sich bei ihnen seit Jahrmillionen als Basis des Überlebensprinzips behauptet.

Hätten die Pferde in bedrohlichen Situationen erst analysiert: Ist es der Säbelzahntiger, oder ist nur eine Kastanie vom Baum gefallen?, hätte das Fluchttier Pferd nicht überleben können. Dieser Zustand des nicht wertenden Gewahrseins, in dem sich die Pferde immer befinden, hilft uns Menschen zu erahnen, was es heißt, immer im »Jetzt«-Zeitraum zu sein. Doch genau aus diesem »Jetzt«- Zeitraum wächst für uns

Menschen die ersehnte Harmonie. Aus diesem Bewußtseins-
raum können wir die Pferde klar und sicher führen – auch
wenn wir wissen, daß es kein Säbelzahntiger ist, sondern eine
Kastanie, geht es zuerst und vor allem um die Wahrnehmung,
daß da etwas ist.

Kann es jetzt noch zu den »kleinen Fehlern« kommen?

Der Mönch und das Mäuschen

Ein Mönch begab sich zur Meditation in seine Zelle. Er zündete eine Kerze an, ließ sich auf dem Zafu, dem Meditationskissen, nieder, ordnete seine Kutte und nahm die korrekte Haltung ein. Als er meinte, sich mit einigen bewußten Atemzügen auf die Meditation eingestimmt zu haben, da kam ein kleines Mäuschen aus seinem Loch heraus, trippelte durch die Zelle des Mönchs und begann an seiner Sandale zu knabbern.

Verärgert sagte der Mönch: »Mäuschen, höre damit auf, an meiner Sandale zu nagen!«

Das Mäuschen knabberte aber weiter. Nach einer Weile sagte der Mönch wieder: »Mäuschen, unterlasse dies, du störst mich in meiner Meditation!«

Darauf piepste das Mäuschen: »Ich habe aber Hunger!« Und knabberte einfach weiter.

Nun wurde es dem Mönch aber zu lästig, denn schließlich wollte er »eins« werden mit Gott, und dieses Mäuschen sollte ihn dabei nicht stören dürfen. Also sagte er: »Mäuschen, höre auf, an meiner Sandale zu knabbern, du störst mich damit sehr. Denn wisse, ich will eins werden mit Gott!«

Nun erwiderte das kleine Mäuschen: »Wie kannst du eins werden mit Gott, wenn du mit mir schon nicht einig wirst?«

Der 2. Schritt:
Vorbereitendes mentales Training

Achtsames Reiten – meditatives Reiten

Obwohl wir im Computerzeitalter die Pferde zum direkten militärischen Einsatz sicher nicht mehr gebrauchen, konnte die militärische Tradition sich im Reitsport bis in unsere Zeit hinein behaupten. Auffällig sind immer noch im klassischen Reitsport vielerorts der militärische Ton und die ebenfalls aus der Militärszene stammenden Kommandos der Ausbilder. Gelingt es, die allgemeine Reiterszene erst einmal achtsam wahrzunehmen, dann findet man in der Haltung, der Fütterung, der Pflege und im Umgang mit den Pferden noch immer Hinweise auf militärisches Gedankengut. Eine Beobachtung als Beispiel:

Obwohl wir keine Husaren sind, denen die langen Säbel beim Aufsteigen von der rechten Seite der Pferde hinderlich sein könnten, werden heute die Pferde auch ohne Säbel in der Regel nur von der linken Seite aus bestiegen. Hier haben wir ein gutes Beispiel dafür, wie schwer es ist, sich von »immer« schon Gewesenem zu trennen. Dabei ist es nun gleichgültig, ob die säbelbehinderten Husaren oder andere Gründe für diese Angewohnheit, die Pferde nur von der linken Seite zu besteigen, verantwortlich sind. Es wäre wichtig, die Pferde zum Führen und Aufsteigen beidseitig zu schulen, was aber immer noch vernachlässigt wird. Auch hier begegnen uns die Prinzipien Yin und Yang, die linke und die rechte Seite.

Die Augen der Pferde befinden sich, im Gegensatz zu denen der Menschen, links und rechts auf der Außenseite des Kopfes. Alles, was sie von einer Seite aufnehmen, wird mit der Zeit prägend aufgenommen.

Versuche ich ein Pferd von der Seite zu besteigen, auf der es noch keine Prägung hat, gibt es gefährliche Reaktionen. Als Geländereiter weiß ich ein Lied davon zu singen, wie wertvoll es sein kann, im schwierigen Gelände ein Pferd zu haben, daß das Auf- und Absteigen des Reiters von beiden Seiten kennt. Daß dieser Teilbereich des Reitens grundsätzlich durch Achtsamkeit sicherer wurde, kann derjenige gut verstehen, der schon einmal in Situationen gekommen ist, in denen ein Absteigen auf der üblichen linken Seite nicht möglich war, ein Absteigen zur anderen Seite aber vermehrte Sicherheit gab.

An diesem Beispiel wird leicht erkenntlich, wie die achtsamen Wahrnehmungen in Folge den Umgang mit Pferden und das Reiten verändern können und letztlich sicherer werden lassen.

Der Reiter, der sich zum obersten Gebot die Achtsamkeit gemacht hat, wird natürlich seine achtsame Wahrnehmung auf sich selbst und auf sein gesamtes Umfeld ausdehnen. Das neue Bewußtsein wird verhärtete Gewohnheiten aufdecken und Neues, dem Wandel Entsprechendes, entstehen lassen.

So können alleine aus dem achtsamen Wahrnehmen im Umgang mit Pferden die Haltung, die Pflege, die Fütterung, das Training und der Reitstil bewußter und gefahrloser werden oder aber, als ein Ganzes gesehen, eine veränderte und somit neue Stilrichtung ergeben.

Aber nach dem Prinzip des Yin und Yang beinhaltet das »Neue« schon die Veränderung zum Alten. Für uns Menschen nur schwer zu akzeptieren. Wie gerne möchten wir festhalten am uns Vertrauten, am schon Bekannten und schon Akzeptierten. Anzuerkennen, daß das Leben Veränderung ist, nicht faßbar und flüchtig, fällt uns schwer. Wie gerne möchten wir im schon für »gut« befundenen Raum verharren und ausruhen und uns dem natürlichen Wandel entziehen. Auch der hochgelobten Wissenschaft geht es selbst in unserem aufgeklärten Zeitalter nicht anders. Das folgende Zitat, welches dem Physiker Albert Einstein zugesprochen wird, kann diese Meinung nur unterstützen: »Die heutige Erkenntnis der Wissenschaft – ist der Irrtum von morgen!«

Die Wissenschaft, von vielen Menschen als Segen der Menschheit angesehen, gibt uns einen sehr lebendigen Beweis dafür, daß Leben Bewegung ist und einem ewigen Wandel unterliegt. Die Wissenschaft forscht weiter und kommt immer wieder zu neuen Erkenntnissen, die aber ebenfalls wiederum dem Wandel und der Veränderung unterliegen.

Das gleiche Prinzip können wir auch im Wandel innerhalb des Zeitraums der Begegnung zwischen Mensch und Pferd feststellen. Gehen wir mit unserer Vorstellung weit in die Entwicklungsgeschichte zurück, als der Mensch noch Natur war – seiner selbst noch nicht bewußt, im *archetypischen* Wesenszustand. Das Pferd befindet sich auf einer ähnlichen Entwicklungsstufe. Dann folgt die Entwicklung des Menschen zum *magischen* Bewußtseinszustand. Noch eingebunden in der Natur, ein Zustand, in dem das Wesen, welches später mit Mensch bezeichnet wird, eine Ahnung von seiner Existenz erhält. Diesem Wesen werden als nächstes telepathische Fähigkeiten zugesprochen. Ein Seinszustand, in dem ich unsere heutigen Pferde empfinde.

Dann die weitere Entwicklung des Menschen zum *mythischen* Bewußtsein. Ein Zustand, in dem der Mensch sich schon von der Natur abgesondert fühlt, aber immer noch dem Schicksal der Mythen ausgesetzt ist. Das Pferd empfand der Mensch zu dieser Zeit als Gefährten der Götter, wie es in vielen Mythen überliefert wird.

Mit der Entwicklung des menschlichen Bewußtseins zur mentalen Struktur hin, zum logisch eigenverantwortlichen Menschen, verblaßte mit der Zeit der Einfluß der Mythen.

Der Siegeszug des immer stärker werdenden menschlichen Intellekts nimmt seinen Anfang.

Wir können aber auch davon ausgehen, daß in dem Maße, wie die neue Qualität des Denkens im Menschen erwachte, seine Fähigkeiten des übersinnlichen Wahrnehmens schwanden. Wurden die Pferde in den Mythen zu Kultzwecken und danach erst als Zugtier benutzt, brachte der Wandel zur mentalen Struktur es mit sich, daß nun der Mensch das Pferd »besetzte«. Für uns, die wir den ewigen Wandel in der Entwicklungsgeschichte verfolgten, ist es interessant zu wissen, daß unsere Vorfahren erst ohne Sattel, dann mit Sattel und erst danach mit Sattel und Steigbügeln auf den Pferden gesessen haben.

In dieser frühen Zeit des logisch denkenden Menschen ist dies ein Hinweis darauf, wie bald schon die beginnende Dominanz des logischen Denkens für die Fortentwicklung des Menschen zur »Entwicklungsbremse« wurde. Die Römer benutzten noch keine Steigbügel. Erst Attila der Hunnenkönig soll die Vorteile der Steigbügel erkannt haben und eroberte ein damaliges Weltreich.

Es waren sicher nicht nur die Steigbügel, die ihm und seinen Heeren den Erfolg brachten, sondern wahrscheinlich auch seine Fähigkeit zum ganzheitlichen Denken.

Diesem sich wandelnden Zeitraum und somit dem sich wandelnden Zeitgeist unterliegt heute auch der Reitsport, nur in einem atemberaubenden Tempo. Stilrichtungen, die heute noch gelobt werden, sind morgen schon »out«. Helden, die heute noch umjubelt werden, sind morgen nicht mehr gefragt. Das einzige, was Bestand hat, immer hatte und immer haben wird, sind die kosmischen Gesetze, die von Anbeginn der Dinge an bestehen.

Das ist die Konstante, an die wir uns halten können, die uns Schutz und Sicherheit bietet. Dem Wandel der Dinge sind wir Menschen nicht hilflos ausgeliefert. Kraft unseres Bewußtseins haben wir die Fähigkeit, »achtsam« im Wandel der einen ewigen Kraft zu sein.

Aus dieser Überzeugung wächst das achtsame Reiten – das meditative Reiten. Ich habe den Eindruck, daß wir in unserem Kulturkreis ein distanziertes Verhältnis zur Meditation haben. Meiner Erfahrung nach sind besonders Männer der Meinung, Meditation sei so etwas wie Religion oder müsse zumindest etwas damit zu tun haben. Oft hört man aber auch die Ansicht: Meditation ist zur Entspannung, und man kann dabei so schön schlummern. Daß aber Meditation vor allem eine Übung zur Entwicklung der höchsten Konzentrationsfähigkeit ist, ist vielen unbekannt.

Die äußere, sichtbare Form der Meditationsübung in der Zen-Tradition, einem Zweig der taoistischen Bewußtseinsschule, besteht schlicht und einfach aus »Sitzen«. Diese Form des Übens wird mit *Zazen* bezeichnet und bedeutet »Sitzen üben«. Der Übende sitzt auf einem Kissen, dem Zafu, die Beine sind verschränkt, und die Hände liegen aufeinander. Der Oberkörper ruht aufrecht, wie auf einem Fundament. Die Vorzüge dieser in sich ruhenden Haltung im Bezug zum Reiten wird in dem Kapitel »Die energetische Haltung« (Seite 120) ausführlich beschrieben.

Achtsamkeitsübung

Damit Sie selbst einen Eindruck davon bekommen, wie Meditation Ihre Achtsamkeitsfähigkeit steigern kann, empfehle ich Ihnen eine einfache Übung im Sitzen.

Nehmen Sie sich ungefähr zehn Minuten Zeit »nur für sich selbst«. Hier kann das achtsame Wahrnehmen schon beginnen, denn wann ist es uns schon möglich, uns einmal nur Zeit für uns selbst zu nehmen. Setzen Sie sich auf einen Stuhl und genießen Sie es, einfach nur dasein zu dürfen. Nichts tun zu müssen. Nichts zu sollen – aber auch nichts zu wollen. Sie können ganz entspannt sitzen. Alles, was Sie vielleicht über Meditationshaltungen gehört haben, muß jetzt nicht wichtig sein. Es ist im Moment gleichgültig. Sie können sitzen und sich wohl fühlen.

Sollte Sie der Hosengürtel oder sonst ein »Mäuschen« noch stören? So ändern Sie es. Lassen Sie sich dann mit der Zeit zur Ruhe kommen. Sie werden immer mehr zum Beobachter. Ihre Augen sind geöffnet. Sie haben Ihren Blick, der nicht mehr fixiert ist, sanft auf den Boden abgelegt. Sie sind achtsam auf das, was außerhalb von Ihnen ist, und nehmen achtsam wahr, wie Ihr Inneres auf diese Übung antwortet. Jetzt darf es einen kleinen Moment so sein, wie es ist. Sie nehmen es nur wahr, ohne es verändern zu wollen.

Erlauben Sie es sich, jetzt einmal etwa zehn Minuten in dieser nicht wertenden Betrachtung zu verweilen. Ich werde Sie jetzt nicht mehr mit meinen Anweisungen stören und Sie Ihren eigenen Erfahrungen überlassen.

Kommen Sie wieder langsam in die Sie umgebende Realität zurück. Machen Sie sich bewußt, wo Sie sich befinden. Fühlen Sie in die Kontaktfläche hinein, die Sie mit dem Stuhl verbindet. Fühlen Sie die Kontaktfläche Ihrer Fußsohle mit dem Boden, recken und strecken Sie sich. Sie sind ganz hier – im Hier und Jetzt.

Nun, wie war es? Was hat der Körper mit Ihnen gemacht? Wollte er aufstehen, vielleicht sogar weggehen, nur um diese neue Erfahrung nicht zuzulassen? Aber vor allem, wie haben sich Ihre Gedanken verhalten? Wie oft haben Ihre Gedanken Sie fortgeführt von diesem Stuhl, aus diesem Raum, letztlich fort von sich selbst?

Vielleicht verstehen Sie jetzt, warum die Taoisten von dem »Geschnatter der tausend Affen« sprechen. Die, genau wie das Mäuschen in der Parabel, versuchen, das bewußte Wahrnehmen zu beeinflussen und wegzuführen. Wegzuführen von dem Augenblick, in dem die Pferde sich »ewig« befinden. Ein Augenblick zwischen Vergangenheit und Zukunft, der mit hier und jetzt beschrieben wird, in dem aber das eigentliche Leben wirkt.

Es scheint wohl die Eigenart des Menschen zu sein, sich mit seiner Wahrnehmung überwiegend in toter Zeit zu befinden. Vergangenheit ist abgestorbene ehemalige Jetztzeit. Zukunft ist ein Zeitraum, der noch nicht mit lebendigem Leben erfüllt ist. Gedanklich befindet sich der dominant logisch denkende Mensch auf der Zeitschiene Vergangenheit – Zukunft, vergißt aber in der Regel diesen sich wandelnden, nicht faßbaren Moment der Gegenwart. Dieser einzige Moment, in dem das Leben stattfindet.

tote Zeit	lebendige Zeit	noch tote Zeit
Vergangenheit	→ Gegenwart	→ Zukunft

Hier haben uns die Pferde etwas voraus. Sie befinden sich immer im Moment des lebendigen Zeitraums.

Wenn wir uns auf diese Art und Weise mit dem Wesen der Pferde auseinandersetzen, beziehen wir zweifachen Nutzen aus der Beziehung Mensch – Pferd.

1. Das Reiten und der Umgang mit Pferden wird sicherer und freudvoller.

2. Das eigene Leben bekommt eine erfüllendere Qualität. Ich empfinde die Pferde wie wahre Zen-Meister, die mich immer wieder auf den Moment hinweisen, in dem ich das erlebe, wofür ich geboren wurde: »Selbst-Wirklichkeit« – der Moment, in dem das Selbst wirklich wird.

Ich hoffe, ich bin nicht zu sehr ins Schwärmen gekommen darüber, was wir alles durch Pferde erleben können, und Sie gehen mit mir gemeinsam den Weg weiter, an dessen Ende uns noch ungeahnte Freuden erwarten.

»Vor den Erfolg haben die Götter den Schweiß gesetzt.« – Dieses Zitat trifft auf unser »Achtsamkeitstraining« nur bedingt zu, wenn wir sanft und liebevoll zu uns selbst sind. Darum übertreiben Sie Ihre vorbereitenden »Trockenübungen« für ein sichereres Reiten nicht. Es wäre zu schade, wenn aufkommende Schmerzen ein Gefühl von Unlust entstehen ließen und Sie Ihren Weg abbrechen würden.

Wenn Sie sich nur vorgenommen haben, bewußter und achtsamer mit den Pferden umgehen zu wollen, brauchen wir dazu nicht die strenge Form der Meditation zu üben, die mit »kraftvolles Sitzen« bezeichnet wird. Hierbei fallen alle Hilfen weg, die sonst benutzt werden, um die Aktivität des Geistes zu richten. Damit die Gedanken nicht immer wieder zu einem anderen Ort wandern, gibt es nämlich verschiedene Übungen wie etwa den Atem beachten, die Atemzüge zählen, den Gedanken folgen und andere mehr. Aber in der Meditationstechnik des »kraftvollen Sitzens« sind keine Hilfsmittel angegeben.

Bei dieser Übung ist die richtige geistige Haltung besonders wichtig. Der Geist muß wach und gespannt wie eine straffe Bogensehne sein, erklärte Zen-Meister Hakuun Yasutani Roshi in einer Vorlesung.

»Diese Art zu meditieren gleicht dem Geist eines Menschen, der um sein Leben kämpft. Stellen Sie sich vor, Sie kämpften ein Duell in jener Fechtkunst, die im alten Japan üblich war. Wenn Sie Ihrem Gegner gegenüberstehen, sind Sie in jedem Augenblick wachsam, bestimmt und bereit. Würde Ihre Wachsamkeit auch nur für einen Moment nachlassen, so würden Sie im gleichen Moment niedergestochen werden. Eine Menge Volk strömt zusammen, um den Kampf zu sehen. Da Sie nicht blind sind, sehen Sie die Menge aus einem Winkel Ihres Auges, und da Sie nicht taub sind, hören Sie sie auch. Aber keinen Augenblick läßt sich Ihr Geist von diesen Sinneswahrnehmungen gefangennehmen. Können Sie sich vorstellen, daß derjenige, der in dieser Weise meditiert, auch im Winter im ungeheizten Raum einen schweißnassen Körper haben wird?«

Aber wovon hier der Meister Hakuun Yasutani berichtet, ist eine der höchsten Formen der Meditation. Für uns wird es im Umgang mit Pferden schon nutzen, wenn wir uns erst einmal auf diesen Weg begeben, denn auch in den Übungen zur Steigerung der Achtsamkeit trifft die fernöstliche Weisheit zu:

Der Weg ist das Ziel.

Kämpfen, ohne zu kämpfen

Der Schüler eines berühmten T'ai Chi-Meisters strebt sehn-
lichst danach, den gleichen Grad wie der Meister zu erlangen.
Ungeduldig wartet er auf die Chance, sein Können unter
Beweis zu stellen.

Endlich wird ihm ein Gegner gestellt. Wenn es ihm gelingt,
diesen zu besiegen, dann ist er im Rang dem Meister gleich.
Der Kampf findet statt. Der Schüler geht als Sieger aus dem
Wettstreit hervor. Zwar mit zerrissenem Jackenärmel, aber
überglücklich und stolz tritt er vor den Meister und berichtet
ihm von seinem Sieg.

Still hört der Meister der Schilderung zu. Nachdem der
Schüler seinen Bericht beendet hat, deutet der Meister auf
den zerrissenen Ärmel und sagt: »Der Ärmel deiner Jacke ist
zerrissen! Nennst du das T'ai Chi Ch'uan?«

Führen anstatt kämpfen

Der auffälligste Unterschied unserer Kampfsportarten zu der asiatischen Kampfart des T'ai Chi Ch'uan ist, daß auf Gegendruck verzichtet wird. Für uns westliche Menschen ist das nur schwer zu verstehen. Für die meisten ist es selbstverständlich, wenn »Druck« kommt, »Gegendruck« auszuüben. Gleichgültig, ob es physischer oder psychischer Druck ist: Der Mensch im Westen ist es gewohnt, Gegendruck zu geben. In der Erzählung »Der zerrissene Ärmel« hat nach meinem Geschmack der Meister ein wenig zu hart gesprochen, aber nach dem Prinzip des Yin-Yang hatte der Schüler sich dem Wandel der sich gegenseitig bedingenden Energie entzogen. Er war nicht achtsam genug gewesen. Zu lange war er verhaftet an einem Pol und nicht im Einklang mit dem Ganzen. Als der Gegner zog, hatte der Schüler nicht nachgegeben. Beide Kontrahenten wollten nehmen und haben den Gegenpol – Geben – ausgelassen. Keiner hat die Energie des anderen aufgenommen, um sie dann in eine bestimmte Richtung zu leiten.

Zug gleich Zug hat die gleiche unheilsame Wirkung wie Druck gegen Druck. Mein Bemühen ist es, Ihnen diese Prinzipien so nahezubringen, daß sie zu Ihrer eigenen Erkenntnis und zur eigenen Wahrheit werden. Denn nur so wird es Ihnen möglich, die Prinzipien der sich bedingenden Kräfte selbständig anzuwenden.

Das Prinzip »Druck erzeugt Gegendruck« können Sie auf sehr einfache und ungefährliche Art und Weise sehr effektiv selbst erleben.

Suchen Sie sich eine Mauer oder eine feste Wand aus. Stellen Sie sich davor auf, in einem Abstand, daß Sie mit Ihren Handflächen bequem gegen diese Wand drücken können. Nun beginnen Sie, Druck aufzubauen, und beobachten ganz genau, was die Gegenseite macht. Drücken Sie ruhig noch fester.

Ich überlasse Sie eine Weile dieser Erfahrung, dann lassen Sie ganz langsam und bewußt den Druck los. Wie fühlt sich das jetzt für Sie an? Nun, wie war es? Haben Sie Ihrem Wandgegner ordentlich Dampf gemacht? Haben Sie ihm kräftig Druck gegeben? War es sehr schmerzhaft für Sie, den Gegendruck, den Sie erzeugten, auszuhalten? Wie hat es sich für Sie angefühlt, Ihren Druck nachzulassen, und wie hat sich dann der Gegendruck verhalten?

Diese kleine Übung baue ich immer wieder gerne in unsere Kurse ein. Einige Teilnehmer haben hierdurch schon kleine »Erleuchtungserlebnisse« gehabt, die sie sehr gut in den Umgang mit Pferden einbringen konnten, aber auch ins tägliche Leben.

Geben und Nehmen, im Einklang mit dem Ganzen

Nach der Philosophie des Tao können auch der Umgang mit Pferden und das Reiten aus *Geben und Nehmen* bestehen.

Der Reiter gibt dem Pferd ein Zeichen oder eine reiterliche Hilfe – das Pferd nimmt das Signal oder die Hilfe an. Der Reiter gibt sofort nach, sobald das Pferd den Wunsch angenommen hat, den er mit dem Signal übermittelt. Das Signal bleibt immer nur ein Impuls auf der Gebenseite. Im Fluß der sich wandelnden Energie wird die strömende Kraft des Pferdes in den vorbestimmten freien Raum gelenkt. Das Pferd bekommt nichts, wogegen es sich wehren könnte.

Achtsam gibt der Reiter dem Pferd klare Führung durch Geben und Nehmen und Begrenzen und Öffnen der Energieströme. So kommt es zu keinem Kampf und somit auch zu keinem »zerissenen Jackenärmel«. Das Pferd fühlt sich geführt, eine Situation, die es aus dem Herdenverhalten heraus kennt und gerne annimmt und befolgt.

Auch wenn Sie sich noch nicht mit der Bewegungslehre T'ai Chi beschäftigt haben, werden Sie bestimmt den Nutzen verstehen, den wir Reiter allein aus der zugrundeliegenden Philosophie des T'ai Chi ziehen können, Sie brauchen in Ihrer Vorstellung nur den zerrissenen Jackenärmel des T'ai Chi-Schülers mit einem Führstrick oder einem Zügel zu vertauschen.

Ist es nicht oft so, daß das Pferd die reiterliche Hilfe oder das Signal schon angenommen, der Reiter es aber nicht bemerkt hat? Ist so nicht die beste Voraussetzung geschaffen für einen Kampf im westlichen Sinne, zwischen Reiter und Pferd mit Druck und Gegendruck, Zerren und Reißen?

Der gesamte Reitsport mit all seinen verschiedenen Stilrichtungen ist abhängig von der übergeordneten Tatsache, daß Pferde Natur sind. So ist es zu verstehen, daß die Prinzipien des Tao sich nicht nur auf den einen Reitstil beschränken. Am Beispiel der Technik des »Impulsreitens« möchte ich Ihnen zeigen, wie das Gesetz der Harmonie in ausgeprägter Form zur Basis eines Reitstils werden kann.

Die Technik des Impulsreitens wurde von den Hirten enwickelt und ist bei uns im allgemeinen als Westernreiten bekannt. Der Ausdruck »Arbeitsreiten« trifft den Sinn und die Hintergründe dieser Reitweise eigentlich genauer. Hauptsache bei der Arbeit der Hirten war (und ist), die Herde zu hüten und zu pflegen. Für diese Tätigkeit wird bis in unsere Zeit hinein die Technik des Impulsreitens eingesetzt.

Es bleibt nun jedem selbst überlassen nachzuforschen, ob erst die Arbeitsweise der Hirten zum Impulsreiten führte oder ob der eng mit der Natur zusammenlebende Hirte die alles verbindenden kosmischen Gesetze erkannte und sie zur Grundlage seines Arbeitsreitstils machte. Ohne den Beweis zu benötigen, ist für mich letzteres die glaubhaftere Möglichkeit.

Diese Menschen, die jahraus, jahrein mit der Natur lebten, bekamen die Wirkungen der polaren Erscheinungsformen (oder Energien) hautnah zu spüren – bei Tag und Nacht, Sommer wie Winter, im nassen Matsch und im trockenen Staub, bei Kälte und bei Hitze. Für diese Naturmenschen war es überlebensnotwendig, mit den sich gegenseitig bedingenden Energien in Einklang zu kommen. So kann ich es verstehen, daß die Hirten einen Reitstil entwickelten, der den Gesetzen der Natur vollkommen entspricht und seinem Wesen nach aus »Geben und Nehmen« besteht.

Kann jetzt ein Zügel (Jackenärmel) noch zerreißen?

Der 3. Schritt:
Die Kraft des Geistes

Der Geist lenkt, das Chi folgt

»Wo Bewußtsein ist, da ist auch Energie.« Diese Erkenntnis war in China ein jahrtausendelang gehütetes Geheimnis. Die Chinesen wußten, daß die Vorgänge im feinstofflichen Bereich mit der achtsamen Hinwendung zu beeinflussen sind. Dieses Wissen um die Kraft des Geistes war lange Zeit nur den Möchen und den Mitgliedern der herrschenden Schichten zugänglich.

Von den Meistern unter ihnen wird berichtet, daß sie kraft ihres Geistes um den eigenen Körper ein so starkes Energiefeld aufbauen konnten, daß es von den Gegnern nicht zu durchdringen war. Andere Berichte gehen davon aus, daß sie die Technik der Energieverdichtung in dem Maße beherrschten, daß sie einen Gegenstand mit flacher, nur aufgelegter Hand anheben konnten.

Heilsam wenden die Chi Kung-Meister auch heute noch dieses alte Wissen an. Sie lenken mit ihrem Bewußtsein kosmische Energie als harmonisierende Kraft zu bestimmten Organen oder Körperteilen. Während eines Chi Kung-Seminars wurden ich selbst und alle anderen Teilnehmer Zeugen von der tatsächlichen Wirksamkeit des Geistes. Am eigenen Leibe konnten wir erfahren, wie nur durch Visualisieren des entsprechenden Bildes und die Konzentration darauf sich eine der eigenen Hände vergrößerte.

Alle Teilnehmer waren verblüfft, wenn nicht sogar erschrocken. Mir selbst ging es nicht anders. Immer wieder legte ich nach dieser Konzentrationsübung meine beiden Handflächen aneinander und sah, daß meine linke Hand wirklich durch die Kraft des Geistes gewachsen war. Wer einen so eindeutigen Beweis bekommt, der versteht die Volksweisheit zu achten: »Sei Hüter deiner Gedanken, denn sie könnten in Erfüllung gehen!«

Im allgemeinen können wir westlich orientierten Menschen nur wenig mit diesem Wissen anfangen – obwohl wir es häufig, meist in der negativen Form, unbewußt anwenden. Der mit Überzeugung ausgesprochene Satz: »Hoffentlich falle ich nicht vom Pferd!« kann zum Beispiel zu einem Zauberspruch werden, der uns genau das beschert, was wir logischerweise nicht erleben wollten: einen Sturz vom Pferd.

Der Wunschbaum

Ein Mann befand sich auf der Pilgerschaft. Sein Weg führte ihn durch ein weites Tal. Es war sehr heiß. Als er einen Baum sah, der ihn mit seinen weitausladenden Ästen und seiner mächtigen, dichtbelaubten Krone zur Rast einlud, ließ der Wanderer sich in seinem Schatten nieder. Da er Durst hatte, dachte er: »Ach, gäbe es doch hier eine Quelle.« Alsbald plätscherte neben ihm ein kristallklares Bächlein.

Er war so durstig, daß er nicht lange nachdachte und sogleich über das köstliche Wasser herfiel.

Als er seinen Durst gestillt hatte, verspürte er großen Hunger. Es genügte nur ein Gedanke an Essen, und schon standen vor ihm die köstlichsten Speisen. Gierig verschlang er das, was er sich gewünscht hatte.

Als er satt war, kam es ihm nun doch merkwürdig vor, was hier geschah. Er sagte: »Hier geht es wohl nicht mit rechten Dingen zu. Bestimmt sind es böse Geister, die mich foppen wollen.« Und sogleich erschienen die schaurigsten Geister, die ihm auf übelste Art und Weise mitspielten.

Der Pilger hatte große Angst, daß ihn die Geister töten würden – auch dieser Wunsch wurde ihm sogleich erfüllt. Daß es ein Wunschbaum war, unter dem er gerastet hatte, war dem Pilger nicht aufgefallen.

Das Gesetz der Anziehung

Ist es nicht eher die Regel, daß wir oft das bekommen, was wir eigentlich nicht haben wollen? Sie kennen das bestimmt auch: Sie haben sich in der Woche zum Reiten verabredet. Kurz vor Feierabend kommt noch ein wichtiges Kundengespräch und hält Sie länger fest. Dann will Ihr Auto nicht gleich anspringen (der Termin für die Inspektion war schon lange fällig). Verspätet fahren Sie los zu Ihrer Verabredung. Auf der schmalen Landstraße fährt vor Ihnen ein langsamer LKW, der nicht zu überholen ist. Nervös schauen Sie auf die Uhr und merken erst jetzt, daß sie stehengeblieben ist. Es ist noch später, als Sie dachten.

Kurz vor Ihrem Ziel treibt ein Schäfer seine große Herde über die Straße. Sie müssen anhalten. Obwohl Sie den Motor abgeschaltet haben, halten Sie das Lenkrad verkrampft in der Hand, Ihre rechte Fußspitze wippt ungeduldig auf und ab. Nervös, abgehetzt und verspannt kommen Sie zu Ihrem Pferd. Ihr Freund, Ihre Freundin ist schon vorausgeritten. Eilig satteln Sie das unruhige Tier. Ihr logischer Verstand sagt Ihnen, daß Sie sich entspannen sollten, aber Ihr willentliches Bemühen schenkt Ihnen nicht den gewünschten Erfolg. Hastig besteigen Sie das Pferd und . . .

Wenn Sie diese Geschichte weiterspinnen, wird sie auch bei Ihnen wohl kein gutes Ende nehmen. Bestimmt können Sie aus eigener Erfahrung Beispiele aufzählen, in denen das Gesetz der Anziehung wirkte, indem Sie das Gegenteil von dem bekamen, was Sie eigentlich wollten.

»Ich muß mich entspannen.« – »Hoffentlich falle ich nicht vom Pferd.« – »Ich darf keine Angst haben.«

Diese Wunschliste ist beliebig fortzusetzen und natürlich auch auf den Alltag ausdehnbar. All diese Vorstellungen bewirken aber oftmals das Gegenteil. Die Auswirkungen unserer unterschwelligen Gedanken und der daraus entstehenden Erwartungshaltung und ihrer Folgen möchte ich Ihnen am nachstehenden Beispiel verdeutlichen.

Stellen Sie sich vor, es läge ein langes Brett von ca. 50 cm Breite auf dem Boden und hundert Menschen gingen über dieses Brett. Es ist anzunehmen, daß niemand danebentritt. Lege ich nun das gleiche Brett in einem Saal auf einen hellen Teppichboden und sage den gleichen hundert Menschen, die auch noch lehmverschmutzte Schuhe anhaben, sie sollten über das Brett gehen, dürften aber auf gar keine Fall danebentreten – mit Sicherheit würde die eine oder der andere danebentreten. Denn der Boden rechts und links vom Brett, mit einem Verbot belegt, zieht an wie ein Magnet.

Würde ich nun dasselbe Brett nehmen, es schwingungsfrei und fest zwischen zwei hohen Kirchtürmen verspannen und dieselben Menschen auffordern, nun wieder über das Brett zu gehen, so können Sie sich sicher vorstellen, was geschehen würde. Denn rechts und links des Brettes ist der Abgrund mit dem höchsten Verbot überhaupt belegt: Wenn du danebentrittst, bedeutet es deinen Tod!

Das uralte Wissen der Chinesen sollten wir im Reitsport und natürlich auch im Alltag in seiner positiven Form anwenden. Die Pferde mit ihrer hochsensiblen Wahrnehmung können hierbei ein Spiegel unserer Gedanken sein.

Ein Teil unserer Bodenarbeit mit Pferden während eines Kurses besteht darin, daß die Teilnehmer selbst die Erfahrung machen, wie sehr die Pferde auf die Ausstrahlung unserer Gedanken reagieren. Die Technik hierbei ist, daß wir innere Bilder visualisieren, die wir in ihrer ganzen Stimmung nachempfinden. Uschi, eine Kursteilnehmerin, übte beispielsweise mit unserer Appaloosa-Stute »Donna«. Dazu muß ich noch sagen, daß Donna zu der Zeit unser sensibelstes Pferd mit den empfindlichsten Sensoren war.

Die Teilnehmerin führte Donna am langen Führstrick. Uschi begann nun, sich im Geiste ein Bild auszumalen, das laut und hektisch wirkte. Sie stellte sich vor, wie ihre drei kleinen Kinder sich in der Wohnung stritten, der Hund dazu bellte, der Mann nach Hause kam und »Ruhe!« brüllte und die Kinder noch lauter wurden usw. usw. Ohne daß Uschi sprach, ohne daß ihr Schritt schneller wurde, zeigte Donna Reaktion: Ihr Schritt wurde hektisch, und schließlich fiel sie in Trab.

Dann änderte Uschi ihr inneres Bild: Nun stellte sie sich vor, wie an einem lauwarmen Frühlingsabend die Sonne hinter einer ruhigen, sanften Landschaft untergeht. Es dauerte gar nicht lange, und Donna ging ruhig und entspannt neben der Kursteilnehmerin her. Natürlich hat Uschi uns anderen, die zusahen, erst nach dieser Vorführung ihre inneren Bilder »gezeigt«.

Vielleicht haben Sie auch so ein sensibles Pferd wie Donna; dann wünsche ich Ihnen ein ähnliches Erlebnis, wie es unsere Kursteilnehmerin hatte. So könnte die jahrtausendealte Weisheit für Sie zur eigenen Wahrheit werden: daß der Geist lenkt und seine eigene Realität schafft. Nur, wie kann dieses Wissen, daß es der Geist ist, der sich selbst seine eigene Wirklichkeit schafft, für mehr Sicherheit im Umgang mit Pferden und beim Reiten sorgen?

Durch Bewußt–sein. Achten Sie bewußt auf Ihre inneren Bilder. Erkennen Sie die Erwartungshaltung, die wirklich hinter einem Satz wie diesem steht: »Hoffentlich falle ich nicht vom Pferd!«

Und nicht nur das. Wenn wir ehrlich sind und uns dazu unsere inneren Bilder ansehen, dann sehen wir sogar in allen Einzelheiten, wie wir vom Pferd fallen. Sie können es selbst ausprobieren, wie es sich einmal mit einem inneren Bild des Fallens anfühlt und einmal mit einem Bild vor Augen, in dem Sie auf dem Pferd so sicher sitzen wie in »Abrahams Schoß«.

Je achtsamer Sie werden, desto mehr werden Sie den wirklichen Wahrheitsgehalt der Überzeugungssätze erkennen, der Ihnen durch die Pferde spiegelbildlich wiedergegeben wird.

Schaffen Sie sich ein inneres Bild voll Ruhe und Sicherheit, und Ihr Pferd wird Ihnen das widerspiegeln, was die Kraft Ihres Geistes bewußt erschaffen hat. Dann werden Sie mit der Zeit auch immer mehr zu der Überzeugung kommen, daß das Bewußt–sein vor allem anderen die sicherste Zäumung ist.

Wie innen, so außen!

Die Erkenntnis, daß es die Gedanken sind, die sich ihre eigene Realität erschaffen, ist eine wesentliche Voraussetzung, um die Qualität des Umgangs mit Pferden und des Reitens selbst zu bestimmen. Denn alles vom Menschen Geschaffene oder Veränderte war zunächst ein Gedanke.

So war auch jede Zäumung, jedes Gebiß, jede Kandare, jedes Sperrhalfter, jeder Ausbinder oder jede andere technische Hilfe zunächst eine Idee, die dem Prozeß des Denkens unterlag. Vereinfacht ausgedrückt: Alles vom Menschen Geschaffene war zunächst ein innerer gedanklicher Prozeß, der erst im Anschluß daran im Äußeren sichtbar wurde. Dieser eigendynamische Erschaffungsprozeß trifft natürlich nicht nur auf materielle Erscheinungen zu, sondern auch auf viele Situationen, die wir durchleben.

Diesen Gedankengang können sicher viele Menschen nicht nachvollziehen, denn oftmals liegt zwischen dem, was wir uns erdachten, und dem, was daraus geworden ist, eine Zeitspanne, die den Zusammenhang verwischt. Sind wir sensibel genug, die Zusammenhänge zu erkennen, ergibt sich die Chance, die Harmonie, die wir uns im »Äußeren« wünschen,

zunächst im »Inneren« zu schaffen: »Wie innen, so außen.«
Denn auch in der in zwei Hemisphären aufgeteilten Groß-
hirnrinde des Menschen, dem zentralen Inneren unseres
Bewußtseins, wirken die alles umfassenden polaren, sich gegenseitig bedingenden Kräfte von Yin und Yang.

Nach taoistischer Überzeugung werden die Fähigkeiten
der linken Gehirnhälfte der männlichen Yang-Energie zugeordnet, die der rechten der weiblichen Yin-Energie. Die
Fähigkeiten der *rechten* Hemisphäre setzen sich bei den meisten Menschen bei folgenden Aufgaben durch:

Bild-Verarbeitung: Die rechte Hemisphäre denkt in Bildern.

Ganzheits-Denken: Die rechte Gehirnhälfte kann viele
Arten von Informationen zugleich verarbeiten. Sie kann
Probleme in ihrer Gesamtheit überschauen. Sie ist zu großen
Erkenntnissprüngen fähig.

Räumliches Wahrnehmen: Ist eine Fähigkeit der rechten,
weiblichen Hälfte unseres Gehirn. Sie hilft uns beispielsweise, uns in unserer Umgebung zurechtzufinden, ohne uns zu
verlaufen.

Sinnbilder: Die rechte Hemisphäre versteht Bilder in unserer Vorstellung.

Phantasie: Das rechte Großhirn erfindet Geschichten und
ersinnt Träume.

Künstlerische Begabung: Ist ein Produkt der rechten Gehirnhälfte.

Gefühls-Wahrnehmung: Die rechte Gehirnhälfte läßt uns
Gefühle viel deutlicher wahrnehmen als die linke.

Spiritualität: Die rechte Hemisphäre ist das Tor zur religiösen Erfahrung.

Träume: Die rechte Gehirnhälfte erzeugt hauptsächlich unsere Traumbilder.

Bewegungskontrolle der linken Körperhälfte: Wenn wir den linken Daumen bewegen, dann kommt der entsprechende Ner-

venimpuls von der rechten Hälfte des Gehirns. Dagegen ist die *linke* Gehirnhälfte ausschlaggebend bei folgenden Aktivitäten:

Wörtliches Verständnis: Die linke Gehirnhälfte hilft uns, Worte richtig zu buchstabieren, sie kontrolliert unser Reden, und dank ihrer Fähigkeit können wir lesen und schreiben.

Analyse: Ist das Fachgebiet der linken Hemisphäre. Sie kann Tatsachen rational einordnen und bewerten.

Lineares Denken: Die linke Gehirnhälfte verarbeitet Informationen nacheinander, wie auf einer Linie.

Mathematik: Mathematische Symbole und Zahlen werden in der linken Hemisphäre erfaßt.

Bewegungs-Kontrolle der rechten Körperhälfte.

Nach dieser Aufzeichnung wird auch erkennbar, daß das wissenschaftliche Weltbild unserer Zeit ein Produkt der linken Gehirnhälfte ist. Aus dieser Sicht gibt es vorwiegend das Rationale, Vernünftige, Analytisch-Detaillierte. Doch dieses rationale Weltbild, in dem die Erscheinungsformen von Ursächlichkeit und Zeit abhängig sind, ist nur die halbe Sichtweise des zur Verfügung stehenden Bewußtseins bzw. des halben Gehirns. Die Aufgaben der rechten Hemisphäre, die der weiblichen Energie zugeordnet werden, werden auch heute noch in der Regel als irrational, unvernünftig, versponnen, okkult und phantastisch abgewertet.

Wie unterschiedlich diese beiden sich gegenseitig ergänzenden Fähigkeiten oft bewertet werden, zeigt sich auch darin, daß bei der Erforschung der Aufgaben der unterschiedlichen Gehirnhälften die Leistung der linken Hemisphäre eher erkannt und beschrieben werden konnte. Über die Sinnhaftigkeit der rechten Hälfte wurde lange Zeit gerätselt, da sie keine vernünftigen Leistungen zu produzieren schien.

Im Gegensatz zur allgemein vertretenen Bewertung durch

die Wissenschaft und der Meinung unseres zur Zeit gültigen Gesellschaftssystems schätzt die Natur die Leistungsfähigkeit der rechten, »unvernünftigen« Hälfte offenbar höher ein. So schaltet sie automatisch in lebensbedrohlichen Gefahrensituationen von der Dominanz der linken Hemisphäre auf die Dominanz der rechten Hälfte um. In gefährlichen Situationen wäre das analytische Vorgehen der linken Gehirnhälfte zu langsam und zu ideenlos, um das Überleben zu sichern. In diesen schwierigen Situationen ist es die Weisheit der Natur, die sich selbst hilft und umschaltet auf Fähigkeiten, die im allgemeinen vernachlässigt werden.

Natürlich haben wir Menschen allen Grund, auf die Fähigkeiten des logischen Verstandes stolz zu sein, wobei aber die Dominanz der analytischen Seite uns von den anderen Fähigkeiten, die auch in uns angelegt sind, abschirmt. Diese Auffassung kann das folgende Bild wohl verdeutlichen:

Stellen Sie sich vor, die zwei Hemisphären des menschlichen Gehirns, die Schaltzentrale für Entscheidung, Handeln und Tun, wären zwei einzelne Zimmer in einem Haus, die durch einen schmalen Flur verbunden sind. Ein Zimmer liegt rechts am oberen Ende des Flurs, das andere links am unteren Ende.

Diese Zimmer werden von einem Geschwisterpaar bewohnt. Im rechten Zimmer wohnt die Schwester und im linken der Bruder. Die Schwester auf der rechten Seite ist die phantasiebegabte, sie hat das Tor zum Glauben, zur religiösen Erfahrung und zur Mystik. Sie kennt die Erfahrung der Liebe. Sie kann viel deutlicher Gefühle wahrnehmen als ihr Bruder im linken Zimmer. Sie ist künstlerisch begabt und kreativ. Sie ist phantasiebegabt, sie erfindet gerne Geschichten und besitzt die Fähigkeit, zu spielen und zu träumen. Sie kann der buchstäblichen Bedeutung einer Aussage den richtigen Sinn unterlegen. Die Musikalität ist ihr angeboren. Sie denkt in Bildern, sie kann räumlich wahrnehmen. Die Bewohnerin des rechten Zimmers läßt sich von Intuitionen führen, ihre besondere Fähigkeit ist ihr nicht lineares Denken. Sie betrachtet alle Probleme ohne Starre ganzheitlich und ist zu großen Erkenntnissprüngen fähig, ohne den Beweis zu brauchen.

Ihr Bruder am anderen Ende des Flurs im linken Zimmer kann wenig mit all den Fähigkeiten seiner Schwester anfangen. Er sitzt in seinem Zimmer und analysiert und bewertet die Informationen, die er von seiner Schwester erhält nach einem einfachen Prinzip: nach Lust und Unlust. Alles, was ihm bekannt ist und Lust verspricht, möchte er in gesteigerter Form wieder haben. Nörgelnd und meckernd sitzt er in seinem Zimmer und bewacht die »Auswüchse« seiner Schwester. Aber seine Fähigkeit zum unterscheidenden, vernunftmäßigen Denken hat den Geschwistern schon häufig das Leben gerettet. Sagt sie zum Beispiel: » Komm, wir gehen ins große, weite, warme Wasser! Ich möchte mich in ihm so richtig wohl fühlen!« Dann ist es der Bruder im linken Zimmer, der zu ihr sagt: »Wir sollten aber zuerst schwimmen lernen!«

Andererseits läßt die Fähigkeit des Bruders zur Analyse, die Tatsachen rational einzuordnen und zu bewerten, in ihm eine tiefe Sehnsucht nach Erstarrtem keimen und ihn dem lebendigen, beweglichen, Veränderungen unterliegenden Leben mit Argwohn gegenüberstehen.

Er baut Mauern, Gitter und Zäune um alles, was sich noch bewegt. Seine Angst vor Veränderung und allem Neuen grenzt ihn immer mehr von den Anlagen seiner Schwester ab.

In jungen Jahren war es anders, da konnte er noch mit ihr kommunizieren. Da waren sie beide noch ein Geschwisterpaar, das sich verstand. Gemeinsam gingen sie durchs Leben, welches es immer wieder neu zu entdecken galt.

Aber mit der Zeit wurde der Bruder träge. Alles, was er schon einmal kennengelernt hatte und als schön und freudvoll empfand, stapelte er in einem besonderen Speicher. Alles Neue wurde mit der Zeit immer mehr mit dem schon Erfahrenen verglichen, und nur wenn es sich mit den abgelegten guten Erinnerungen deckte, wurde es akzeptiert. Seine »Reife« drückte sich dadurch aus, daß er einen einmal eingeschlagenen Weg, ohne nach rechts oder links zu schauen, verbissen weiterging.

Diese Geschichte von dem analytisch denkenden Bruder und der kreativen Schwester ist nicht frei erfunden. Ähnlichkeiten mit lebenden Personen sind erwünscht. Denn wie sehr die der weiblichen Energie zugeordneten Fähigkeiten von der dem Männlichen zugeordneten Kraft behindert werden, erleben wir tagtäglich, wenn das analytische, lineare Denken bevorzugt wird. Den Taoisten war vor ein paar Jahrtausenden schon bekannt, daß es »Unheil« gibt, wenn eine Seite der verschiedenen Energien überwiegt. Nur wenn die sich gegenseitig bedingenden, im Menschen angelegten verschiedenen Fähigkeiten »ein Ganzes« bilden, kann »Heil-sein« erlebt werden.

Nach dem Prinzip »Wie innen, so außen« ergibt sich so ein Weg, der den Umgang mit Pferden und das Reiten heilsam, harmonisch und letztlich sicherer werden läßt.

Der kostenlose »Rettungsdienst« der Natur

Ein Problem, das sich für den Menschen aus seiner speziellen geistigen Entwicklung ergeben hat, ist, daß er in seinen Gedanken frei und dennoch wie ein Gefangener der Natur ist. Denn auch der heutige moderne Mensch ist seinem Wesen nach immer noch ein Tier, nur mit wesentlich weniger Instinkten ausgerüstet. Er ist aber das einzige Tier, welches sich seiner Endlichkeit bewußt ist und die Fähigkeit besitzt, die Gesetze der Natur zu ignorieren und sich außerhalb von ihr zu fühlen. Die Auswirkungen dieser Fähigkeit werden im allgemeinen meist bewußt als schmerzhafte Erfahrung empfunden.

Die Auflösung dieses Dilemmas liegt in der Aktivierung unserer gesamten geistigen Fähigkeiten. Hierzu müssen wir uns aber der Begrenzung bewußt werden, die uns der analytisch denkende »Bruder« in seiner linken Gehirnkammer auferlegt. In lebensbedrohlichen Situationen geschieht dies ohne unser willentliches Dazutun, dann übernimmt der »Rettungsdienst« der Natur die Führung. Er schaltet um von der Dominanz des logischen Denkens der linken Gehirnhälfte auf die rechte Hemisphäre mit ihren besonderen Fähigkeiten. Denn wie schon einmal zuvor erwähnt, schätzt das natürliche Überlebenssystem die Leistungsfähigkeit der rechten, unvernünftigen Gehirnhälfte höher ein. Eine adäquate Lösung würde der rationalen Hemisphäre des Gehirns nicht zur Verfügung stehen. Ihr lineares Vorgehen wäre in Lebensgefahr zu langsam und zu ideenlos, um das Überleben zu sichern.

Wie wir Reiter von dieser unbewußten natürlichen Begabung profitieren können, möchte ich Ihnen anhand einiger Beispiele vorstellen.

Vielleicht sind auch Ihnen Erlebnisse bekannt, in denen die natürliche Weisheit die Steuerung übernommen hat, um eine schwierige, lebensbedrohende Situation zu bereinigen. Bei meinen wenigen bisherigen Stürzen vom Pferd bekam ich jedes Mal den Beweis für diese These.

Eine Bekannte erzählte mir, daß sie sehr heftig vom Pferd gefallen war, aber auf den Füßen neben ihrem Pferd zu stehen kam. Sie konnte es sich überhaupt nicht erklären, wie sie das geschafft hatte: »Alles ging so schnell, ich konnte gar nicht nachdenken. Wohlbehalten landete ich neben dem Pferd, hatte als Besonderheit einen Zügel noch in der Hand, und das Pferd stand ruhig neben mir.«

Bei all diesen Erlebnissen war der glückliche Ausgang der Dominanz der rechten Gehirnhälfte zu verdanken, die die Fähigkeit besitzt, den gesamten Bewegungsapparat zu beschützenden und lebenserhaltenden Reaktionen zu aktivieren. Dieser Rettungsdienst der Natur ist kostenlos und wird vom logischen Verstand nicht behindert. Unser Unterbewußtsein ließ uns, ohne unser willentliches Dazutun, sicher wie in Abrahams Schoß landen. Eine weitere Fähigkeit der weiblichen Energie in unserem Inneren.

Die rechte Hemisphäre kann Probleme in ihrer Gesamtheit überschauen. Sie bündelt alle charakteristischen Merkmale, die sie »zusammen schaut«. Ihr ist es möglich, gespeicherte Bilder in Körperbewegungen umzusetzen. Der Körper mit seinem gesamten Bewegungsapparat antwortet automatisch mit entsprechenden Bewegungen auf die ganzheitliche Steuerung.

Diese unbewußten Fähigkeiten können wir aber bewußt ins Reiten einbringen. Zum Beispiel:

Sie möchten mit Ihrem Pferd eine gerade Strecke ohne Anlehnung reiten. Vielleicht hat Ihnen ein Bauer erlaubt, auf dem abgeernteten Stoppelacker zu üben. Ihr Pferd hat keinerlei äußere Orientierung außer Ihrer reiterlichen Hilfe.

Sie sitzen ruhig atmend, entspannt auf Ihrem Pferd. Bevor Sie losreiten, überlassen Sie sich vermehrt Ihrem Ausatmen und bleiben bei der Betrachtung Ihres Atmens. Nun beginnen Sie gleichzeitig, eine helle Linie zu visualisieren, die vor Ihrem Pferd beginnt und sich bis zum Horizont erstreckt. Jetzt reiten Sie an, ohne Erwartungshaltung, ohne etwas zu wollen. Überlassen Sie sich vertrauensvoll Ihrer inneren Führung, die Ihrer visualisierten Linie folgt.

Nun, wie war es? Konnten Sie fühlen, wie Ihre innere Weisheit die reiterliche Hilfe fürs Geraderichten gegeben hat?

Ein weiteres Beispiel: Das Leichttraben will einfach nicht so gelingen, wie Sie es eigentlich »wollen«. Sie haben schon alles versucht, um die vielen Anweisungen des Reitlehrers umzusetzen. Aber es hapert immer mit der Koordinierung der einzelnen Bewegungen. Funktioniert das eine, dann funktioniert das andere nicht.

Nun machen Sie folgenden Versuch: Schaffen Sie sich Ihr inneres Bild. Schauen Sie zunächst einem Reiter zu, den Sie besonders um sein Leichttraben beneiden. Schauen Sie nur hin, ohne Neidgefühle, so, als ob Sie sich ein schönes Kunstwerk eines alten Meisters anschauen würden. Kaufen können Sie das Werk nicht, denn es ist unverkäuflich. Aber es in Ihr Bewußtsein einbrennen, das können Sie. Schauen Sie nur hin. Jetzt hören Sie auch das rhythmische Geräusch, das die Hufe des Pferdes durch die Berührung mit dem Boden hervorrufen. Auch hören Sie das Schnauben des Pferdes. Sie nehmen den Geruch wahr, den das Pferd verströmt.

Bleiben Sie bei der ganzheitlichen Betrachung. Zur Kontrolle schließen Sie danach die Augen und prüfen, ob das Bild schon in Ihnen verhaftet ist. Wenn ja, dann sehen Sie vor Ihrem geistigen Auge das Bild des perfekten Leichttrabens.

So vorbereitet können Sie nun mit Ihrem Pferd das Leichttraben üben. Überlassen Sie die Aktivierung der entsprechenden Muskeln für den Bewegungsablauf »Leichttraben« Ihrer inneren Führung. Immer wieder,wenn der Analytiker in Ihnen Sie stören und ablenken will, kommen Sie zu Ihrem inneren Bild, welches im Äußeren immer deutlicher wird als ein harmonisches, taktreines Leichttraben.

In diesem Kapitel habe ich beschrieben, wie wir durch die Kraft des ganzheitlichen Denkens erst »heil« werden und Fähigkeiten entwickeln, die das Reiten und den Umgang mit

Pferden sicherer werden lassen. Aber welche Fähigkeiten uns noch zur Verfügung stehen durch den Zusammenschluß der weiblichen und der männlichen Kraft, möchte ich im nächsten Kapitel vorstellen.

Der 4. Schritt:
Energien fühlen und lenken

Leben ist Energie – laß sie strömen

Seinem Wesen nach ist das Pferd ein nach vorne, langsam geradeausgehendes, fast stetig fressendes Fluchttier. Sein Lebensraum ist die Weite.

Als ganzheitlich denkender Reiter sehe ich das Pferd als ein lebendiges Wesen an, erfüllt von sich ausströmender Lebensenergie, die ich kraft meines Bewußtseins in vorbestimmte Räume lenken kann. Auf diese Weise bekommt das Pferd klare Führung und nichts, wogegen es sich wehren müßte. Im Bewußtsein liegt die Wurzel zur Harmonie. Den Hinweis, daß die Kraft des Geistes sogar Löwen zu Zugtieren bändigen kann, brachten die Pharaonen.

Sie standen auf ihren Streit- oder Prunkwagen, die ohne Zügelverbindung von zwei Löwen gezogen wurden. Ob es sich nun wirklich im alten Ägypten so zugetragen hat, ob es sich um eine symbolische Darstellung der Macht handelt oder ob bei den Grabbildern der Künstler die Zügel nur vergaß, muß wohl jeder für sich selbst entscheiden. Aber vielleicht genügt zunächst für unser Vorhaben der gedankliche Ansatz, daß das Pferd eine strömende Lebensenergie ist, die durch Verschließen und Öffnen von gedachten Räumen zu lenken ist. Meines Erachtens stellt alleine diese Überlegung eine Philosophie dar, die das Reiten harmonisch werden läßt und vor allem sicherer. Leichter nachvollziehbar wird diese Überzeugung, wenn Sie zwei verschiedene Möglichkeiten der Pferdeführung einander gegenüberstellen.

1. Der Reiter *reagiert* auf das Fehlverhalten des Pferdes mit Zwang, oder er versucht mit Gewalt und Zwang, Fehlverhalten zu verhindern.

Oder:

2. Der Reiter *agiert* und lenkt das Pferd, indem er unerwünschte Räume verschließt und dem Pferd vorbestimmte Räume (Wege) öffnet, so daß die Lebensenergie des Pferdes auf vorgedachten Bahnen einfließen kann.

Ich denke, spätestens jetzt scheiden sich die Geister. Wer weiter kämpfen will, wird sich für die erste Version entscheiden. Wer aber davon träumt, die Pferde ohne Kampf zu führen, wird sich für die zweite Version entscheiden und den Weg der acht Schritte weitergehen wollen.

Damit aber auch der ungläubige Geist seinen Beweis bekommt, daß jedes Lebewesen eine sich ausströmende Lebensenergie darstellt, sollte er sich ein Pferd vorstellen, das auf einem Laufband läuft, an dem ein Dynamo angeschlossen wurde, durch ein Kabel mit einer Glühbirne verbunden. Sobald das Pferd mit seinen Schritten das Band in Bewegung setzt, leuchtet die Glühbirne auf. Je schneller das Pferd läuft und je mehr seine feurige Energie ausströmt, desto heller leuchtet die Birne auf.

Aber dieses erdachte Experiment wird hoffentlich nur Theorie bleiben. Hilfreicher wird es sein, selbst den Beweis zu bekommen, daß alle Lebewesen und somit auch wir Menschen von strömender Energie durch- und umströmt werden.

»Es ist schon Abend geworden«

Es war einmal ein Mensch, der sein Leben so klar und bewußt führte, daß es ihn immer glücklicher machte. Er wurde so glücklich, daß selbst die Götter anfingen, ihn deshalb zu beneiden. Sie schmiedeten einen Plan, der diesen besonderen Menschen von den Wurzeln seines Glücks abbringen sollte.

Mit großen Augen schauten die Götter zu, als am frühen Morgen die von ihnen erschaffene schöne Frau vor der Hütte des Glücklichen erschien. Dieser trat heraus, erblickte diese wunderschöne Frau und verliebte sich bis über beide Ohren. Er bat sie, bei ihm zu bleiben und mit ihm gemeinsam hier in seiner Hütte zu leben. Sie willigte ein und blieb bei ihm.

Die Götter rieben sich die Hände, sie meinten schon zu sehen, wie ihr Plan in Erfüllung ging.

Nach 300 Jahren sagte die Frau: »Ich muß dich verlassen!« Da sagte der Mann: »Bitte bleibe bei mir, ich liebe dich!« Und die Frau blieb bei ihm.

Aber nach nochmals 300 Jahren sagte die Frau: »Du mein Geliebter, ich muß dich jetzt wirklich verlassen!« Dem Mann gelang es noch einmal, die Schöne zu überreden. Und noch einmal lebten sie 300 Jahre zusammen, glücklich und zufrieden. Am Ende dieser Zeit sagte die Schöne, daß sie nun endgültig von ihm gehen müsse. Da hatte der Mann keine Einwände mehr, er ließ sie los, und sie ging von ihm fort.

Als er nun alleine war, trat er vor die Hütte ins Freie, schaute zum Himmel empor und sagte: »Oh, es ist schon Abend geworden. Ich werde meine Andacht verrichten!«

Wo Bewußtsein ist, da ist Energie

Nach taoistischer Überzeugung wird der physische Körper eines jeden lebendigen Wesens von einem feinstofflichen Wesensbereich umgeben, aber auch durchdrungen. Schon die Bezeichnung *feinstofflich* sagt aus, daß dieses Phänomen wirklich ist und erfahrbar werden kann. Über die Vorgänge in diesem Bereich gibt es in der taoistischen, aber auch in der indischen Tradition ausführliche Beschreibungen, wobei die taoistische Lehre die Einzelphänomene des feinstofflichen Wesensbereichs nicht so systematisch beschreibt wie die indische.

Beide Lehren beziehen sich jedoch auf kosmische Energien, auf feinstoffliche Zentren und Energieverlaufbahnen. Diese Energieverlaufbahnen werden von den Taoisten als Meridiane bezeichnet. Über diese Meridiane wird der Körper mit allen Organen und Funktionen mit Lebensenergie versorgt. Sind die Meridiane frei, so daß die Energie strömen kann, ist der Körper gesund. Gibt es Stauungen in den Energiebahnen, wird der Körper krank.

Das wesenumgebende, sich aus der Gesamtheit aller feinstofflichen Phänomene ergebende Energiefeld, die »Aura«, kann von jedem Menschen, der willens ist, erfaßt werden. Tiefer in diese Thematik einzudringen würde die Zielsetzung dieses Buches nur unwesentlich unterstützen.

Für unseren Wunsch, einen Reitstil zu finden, der die Gesetze der Natur miteinbezieht, wird das Wissen hilfreich sein, daß es Lebensenergie in feinstofflicher Art gibt und daß es möglich ist, diese zu beeinflussen und lenken zu können.

Falls für Sie die fernöstlichen Lehren noch befremdlich sind, hätte ich vollstes Verständnis dafür, denn es ist ein Wissen, das jahrtausendelang für die westliche Kultur unzugänglich war. Damit Sie aber eine Ahnung davon bekommen, daß jeder Körper einen »feinstofflichen« Bereich hat, lade ich Sie zu einer kleinen Übung ein.

Dazu schließen Sie die rechte Hand zur Faust. Jetzt reiben Sie mit dieser Faust die offene Fläche Ihrer anderen Hand, aber ganz fest, so lange, bis sie heiß wird. Spüren Sie die feurige Energie, die Sie selbst durch Reiben erzeugt haben?

Direkt nach dem Reiben: Riechen Sie bitte einmal an den Fingerknöcheln der rechten Hand, mit der Sie gerieben haben. Was riechen Sie jetzt an Ihrer Hand? Manche unserer Kursteilnehmer empfinden den Geruch von Schwefel.

Dann noch gleich eine zweite Übung. Hierbei sollten Sie warme Hände haben. Wenn nicht, dann reiben Sie Ihre Hände so lange aneinander, bis sie warm werden. So, jetzt legen Sie Ihre Handflächen aneinander und beginnen Sie langsam, sie voneinander zu trennen, so daß die Handflächen sich nun anschauen, aus einem Abstand von 2 bis 5 Zentimetern. Die Handflächen sollten sich nicht mehr berühren.

Lenken Sie Ihre achtsame Wahrnehmung in den freien Raum zwischen den Händen. Fühlen Sie Wärme? Vielleicht ein Luftpolster? Oder fühlen Sie nichts? Nun, dann fühlen Sie einmal hinein, wie sich das Nichts für Sie anfühlt, vielleicht verändert es sich auch bei Ihnen zu einem Energiepolster.

Diese Übung kann auch großen Spaß machen, wenn ein Partner dazukommt. Sie können dann mit einer Hand in den freien Raum zwischen den Handflächen des Partners hineinfühlen, den Raum wieder verlassen, Ihre Handfläche nach oben drehen und nun wieder in den freien Energieraum des Partners hineingleiten. Oder halten Sie Ihre Handflächen auf die Handflächen des Partners, und beginnen Sie nun beide, sich langsam zu lösen. Seien Sie ganz achtsam, denn die beiden Energiefelder sollten nicht abreißen. Vielleicht fallen Ihnen auch noch andere Übungen ein, die Ihnen den Beweis bringen, daß unser ganzer Körper mit einem Energiefeld ummantelt ist.

Das gleiche können Sie natürlich auch im Pflanzen- und Mineralbereich erleben. Und ganz besonders intensiv bei Tieren. Wenn Sie zum Beispiel bei einem Pferd das Energiefeld erfühlen wollen, so beginnen Sie an der Oberkante Schweifansatz und führen Ihre Hand ganz achtsam, in einem geringen Abstand zum Körper des Pferdes, über die Kruppe und weiter über den Rücken, den Widerrist, den Hals, über die Ohren und vorne die Kopfpartie, bis zu den Nüstern hinunter. Konnten Sie diesen feinstofflichen Bereich des Pferdes fühlen?

Die taoistische Tradition, aber auch die indische, geben eine ausführliche Beschreibung von Vorgängen im feinstofflichen Wesensbereich. Für die Thematik dieses Buches wäre es noch wichtig zu wissen, daß die Energiebahnen alle einen bestimmten Verlauf haben, auf den sogenannten Meridianen. So beginnt ein Hauptgefäß am Dammpunkt, verläuft hoch über das Rückgrat bis zum Scheitelpunkt, dann weiter hinunter über Stirn, Nase bis zum oberen Gaumen: das Yang-Gefäß (Lenkermeridian). Von der Zunge über das Kinn, Kehlkopf, Brustpartie, Bauch, Unterbauch bis zum Dammpunkt: das Yin-Gefäß (Dienermeridian).

Vielleicht sind Sie verwundert, warum ich hier so weit aushole. Im Sinne des sichereren Reitens ein wichtiges Thema, wie Sie gleich lesen werden. Die Taoisten glauben, daß alles in der Natur eine Entsprechung hat. So entspricht die Yang-Energie dem heißen Feuer und die Yin-Energie dem kühlenden Wasser.

Nun in die Praxis: Sie sitzen auf einem »Feuerstuhl« von Pferd. Sicherlich gibt es viele gute Gründe, warum Ihr Pferd so feurig ist, und ich denke, es ist immer richtig, das Problem an der Wurzel zu packen. Aber jetzt wollen Sie Ihr Pferd beruhigen. Nun gut, ich würde absteigen und mit meinem Pferd erst etwas Bodenarbeit machen. Hierbei könnte schon einiges an Yang-Energie verarbeitet werden.

Aber was sieht man in der Regel, wenn der Reiter vom Sattel aus sein Pferd beruhigen will? Er streichelt es den Mähnenkamm herunter, von den Ohren bis zum Widerrist – und macht nach taoistischer Überzeugung sein Pferd noch feuriger. Warum? Durch das Zurückstreifen der Yang-Energie verstärke ich die Kraft des Lenkergefäßes und verstärke das Feuer (Yang). Streiche ich aber mein Pferd vom Widerrist in

Richtung der Ohren, den Hals hinauf, dann kann die feurige Kraft abfließen, hinein in das abkühlende Yin-Wasser.

Ich nehme an, Ihnen geht es jetzt so wie mir am Anfang meines Weges. Vor lauter Yin und Yang war ich total verwirrt. Da Sie aber mit dem zuvor Gesagten ein sehr gutes Werkzeug in die Hände bekommen, wäre es schade, wenn Sie bei Miß- oder Nichtverstehen die Segel streichen würden.

Folgendes Beispiel soll die aufeinander wirkenden Kräfte von Yin und Yang verdeutlichen. Nehmen Sie ein rundes Wasserbecken und füllen Sie es mit Wasser. Sie stehen vor dem Becken. An der Seite, an der Sie stehen, ist die Yang-Energie. Auf der gegenüberliegenden Seite befindet sich die Yin-Energie. Wollen Sie dieses Experiment ganz genau machen, so können Sie jetzt eine Tasse mit heißem, rotgefärbtem Wasser, welches die feurige Energie darstellt, ganz vorsichtig auf Ihrer feurigen Yang-Seite ins Wasser gießen. Achtung – ganz langsam! Das rote, heiße Wasser soll sich noch nicht verbreiten. Nun fangen Sie auf Ihrer Yang-Seite an, am Innenrand des Wasserbeckens entlang das feurige rote Yang zu treiben, mit paddelnden Bewegungen Ihrer Hände in eine Fließrichtung.

Was geschieht nun auf der gegenüberliegenden Seite? Es kommt Bewegung auf in Flußrichtung, die Yin-Energie nimmt mit ihrer kühlenden Kraft die Hitze des Feuers auf und kühlt es ab.

Ähnliches geschieht beim unnatürlich feurigen Pferd durch Abstreifen der männlichen Yang-Energie in Fließrichtung. Sie verbindet sich dann mit der kühlenden weiblichen Ying-Kraft des Pferdes und kommt in Harmonie.

Dieses System sollten Sie aber nicht überstrapazieren, denn ein Pferd, das etwa durch einen hervorstehenden Nagel gequält wird, der sich aus dem Sattelbaum gelöst hat, wird sich gegen diesen Schmerz »feurig« wehren; da hilft auch nicht, die glühenden Energien durch Streicheln harmonisieren zu wollen. Bei diesem Beispiel würde es genügen, den Nagel zu entfernen, um ein ausgeglichenes Pferd zu bekommen.

Generell sollte es selbstverständlich sein, daß auf unserem Weg zum harmonischen und sichereren Reiten die Rahmenbedingungen für die natürlichen Bedürfnisse eines Pferdes gegeben sind. Nur wenn die Haltung, der Umgang und die Fütterung weitgehend der Erwartungshaltung eines Pferdes ans Leben entsprechen, haben wir eine Basis für unsere Zielvorstellung.

Der 5. Schritt:
Die natürliche Atmung

»Der Mensch ist weich und beweglich, wenn er lebt, aber hart und steif, wenn er tot ist. Das Gras und die Bäume sind zart und biegsam, wenn sie leben, aber hart und erstarrt, wenn sie tot sind. So sind das Harte und das Starre Gesellen des Todes, das Weiche und Bewegliche Gesellen des Lebens.«

Auszug aus »Tao Te King«

Wenn wir in der jetzigen modernen Zeit Umgang mit Pferden haben, dann denken wohl die wenigsten daran, wieviel Anteil die Pferde an der Entwicklung der Menschheit hatten. Doch es war ihre Kraft, Ausdauer und Schnelligkeit, die es dem Menschen ermöglichten, Zeit und Raum schneller zu überbrücken, als es ihm selbst gegeben war. Hieraus ergaben sich für die Menschheit in einem kürzeren Zeitraum vermehrt Erfahrungen, die auch den Prozeß des geistigen Wachstums beschleunigten.

Nur durch diesen Entwicklungsprozeß, bis hin zur Fähigkeit des vermehrten logischen Denkens, wurde die Welt eine Welt des Menschen. Der Mensch wird das »Maß aller Dinge«. In dem Maße aber, wie das unterscheidende, analytische Denken erwachte, erwuchs das Bemühen, die Umwelt und somit die natürlichen Abläufe kalkulier- und wägbar zu gestalten. Sein Entwicklungsdrang und das Verlangen, sich gegenüber der Natur zu schützen, ließen den Menschen eine materielle, technisierte Welt erschaffen. Dieser Entwicklungsprozeß hatte aber auch zur Folge, daß das instinktive Verständnis für Natur, im großen Maße, den Menschen verlorenging. So ist es auch zu verstehen, daß wir dem Zeitgeist entsprechend versuchen, die Pferde überwiegend mit Technik, Material und Vorrichtungen zu führen und zu lenken, wobei der natürlichen Wechselbeziehung, die die Qualität des Umgangs mit Pferden bestimmt, eine untergeordnete Rolle zugewiesen wurde.

Kommunikationsmittel Atem

Ich möchte Sie nun mit einer »natürlichen Zäumung« bekannt machen, die Ihnen ohne Leder und Metallteile permanent zur Verfügung steht. Ich hoffe, Sie werden jetzt ein wenig neugierig, wenn ich Ihnen auch noch sage: Diese »Zäumung« benutzen Sie selbst jede Sekunde. Wobei es sogar gleichgültig ist, ob Sie schon Reiterfahrung haben oder gerade die ersten Schritte zum Pferd und zum Reiter anstreben. Sie alle benutzen, bewußt oder unbewußt, zum Leiten und Führen die gleiche Verbindung zu Ihrer Außenwelt und somit auch zum Pferd: den alles verbindenden Atem!

Über den Atem drücken wir uns unmittelbar aus und werden von unserer Umwelt unmittelbar empfunden. Da die

Pferde ihrem Jahrmillionen alten lebenserhaltenden Fluchttrieb unterliegen, reagieren sie besonders sensibel auf den Atem als Medium der bewußten oder unbewußten Kommunikation.

In der Funktion des Atmens finden wir in überzeugender Weise das kosmische Gesetz der sich bedingenden polaren Kräfte. Diesem Wandel von »ein« und »aus« unterliegen wir von Geburt an, mit dem ersten Einatmen bis zum letzten Ausatmen. Unser Leben findet zwischen diesen verschiedenen Qualitäten des Nehmens und des Gebens statt. Hier wird es überdeutlich: Harmonisches Leben ist nur möglich im Wandel der sich gegenseitig bedingenden Kräfte.

Ich denke, Sie benötigen keinen Beweis, daß wir ein- und ausatmen müssen, um zu leben. Daß sich unsere Befindlichkeit unmittelbar über den Atem ausdrückt, wird verständlich, wenn wir uns den funktionalen Atemvorgang bewußtmachen:

Die Anspannung und die Entspannung der entsprechenden Atemmuskeln regulieren das Ein- und Ausatmen. Durch Anspannen und Ausdehnen des Zwerchfells und das folgende Weiten des Brustraumes entsteht ein Vakuum im Körper, in den der Sauerstoff einfließen kann. Nur wenn die angespannten Muskeln sich wieder entspannen, kann der Atem aus den Lungen abfließen. Durch die Überbetonung des Einnehmens und das folgende Festhalten ergibt sich die Verspannung des Körpers. Daß dieser verspannte Zustand von den Pferden als Hinweis auf eine drohende Gefahr verstanden wird, ist sicher für jeden verständlich.

Stellen Sie sich ein Pferd vor unter einem Reiter, der den Kopf zwischen die Schultern gezogen, den Oberkörper nach vorne gebeugt und den Blick starr zwischen den Pferdeohren hindurch auf den Boden gerichtet hat. Verkrampft klammert sich dieser Körper am Pferd fest. Die zügelhaltenden Hände sind zu Fäusten erstarrt und, eng beieinander, zum Brustraum hochgerissen. Die gesamte Erstarrung des Körpers drückt sich im Atem aus, der mehr festhaltend ist und stoßweise geht.

Sicherlich können Sie dieses Pferd sehr gut verstehen, wenn Sie sich folgende Situation vorstellen: Bei einer Arbeit, die Ihrer ganzen Aufmerksamkeit bedarf, will Sie ein Vorgesetzter leiten, der ängstlich und verspannt ist. Sie sehen die verkrampfte Haltung, die hochgezogenen Schultern, die fahrigen Bewegungen und den unruhigen Blick. Auch wenn Sie nicht zu ihm hinschauen, hören Sie doch das stoßweise, gepreßte, flache Atmen. Das häufige Erschrecken wird begleitet von zum Brustraum hochgerissenen Händen und einem heftigen, schnappenden »Hh!!«

Nun haben Sie, im Gegensatz zu den Pferden, die Fähigkeit, sich mit der Befindlichkeit dieses Menschen gedanklich auseinanderzusetzen. Sie können auch sicherlich viele Gründe für das schreckhafte Verhalten finden. Aber Hand aufs Herz – würden Sie mit ihm vertrauensvoll in einen dunklen Keller gehen? Ist es nicht selbstverständlich, daß die Angst und Verspannung des anderen sich auf Sie übertragen würden? Wie sehr muß da doch das Fluchttier Pferd, dem nicht die Fähigkeit des logischen Denkens gegeben ist, auf Unsicherheit, Verspannung und Furcht mit Gleichem reagieren.

Es wäre nun ein leichtes, einem verspannten Menschen zu sagen, er solle sich entspannen und brauche keine Furcht zu haben. Nur helfen wird dieser Ratschlag wohl nicht. Auch hier wirkt das Gesetz der Anziehung: Denn der zwanghafte Versuch, sich willentlich von Verspannungen zu lösen, hat meist zur Folge, daß wir uns noch mehr verspannen. Alles, was wir unbedingt und zwanghaft haben wollen, bekommen wir nicht, und alles, was wir vermeiden wollen und ablehnen, bekommen wir.

Dieses Naturgesetz können Sie auch beobachten, wenn ein

Reiter sich erschreckt. Reflexartig nimmt der Körper die schutzsuchende, embryonale Haltung ein: Er krampft sich zum Bauchnabel hin zusammen. Als Reiter verliert er damit den Halt. Die zum Brustraum hochfahrenden Zügelhände reißen dem Pferd das Gebiß in die hinterste Maulspalte. Das Pferd weicht diesem Schmerz aus mit hohem Hals und Kopf und weggedrücktem Rücken. Die Nervenenden der Rükkenwirbelsäule kommen in Berührung. Der aufkommende Schmerz wird durch das starre Reitergewicht vermehrt. Das Pferd entzieht sich der schmerzlichen »Nußknackerwirkung« der zu den Maulspalten gezerrten Trense und der reiterlichen Einwirkung durch Festbeißen aufs Gebiß. Die Fluchthaltung (hoher Kopf), die Schmerzen und die Schwingungen des Reiters lassen in der Folge das möglich werden, wovor der Reiter sich fürchtet und was er auf keinen Fall haben will: das durchgehende Pferd oder einen Sturz.

Wie soll nun aber der Atem helfen können, solche Situationen erst gar nicht entstehen zu lassen?

Die Antwort ist wieder im Bewußt-sein zu finden, da der Atem die einzige lebenserhaltende Funktion des Körpers ist, die der Mensch mit seinem Bewußtsein willentlich beeinflussen kann. Hierin liegt die Chance, den Atem als »primäres Zaumzeug« einzusetzen.

Hierzu schlage ich Ihnen eine Trockenübung vor:

Nehmen Sie sich 15 Minuten für sich selbst. Setzen Sie sich auf einen Stuhl, in einer für Sie angenehmen Haltung. Sollten Sie nun denken: Hoffentlich stört mich jetzt nicht das Telefon, so könnte es sein, daß Sie das zuvor erwähnte Naturgesetz der Anziehung bestätigt finden, indem das Telefon klingelt und Sie stört.

Meine Empfehlung: Lösen Sie sich von der Erwartungshaltung und erlauben Sie sich, etwas für sich selbst zu tun . Es sollte selbstverständlich sein, daß Sie die hier vorgeschlagenen Übungen eigenverantwortlich ausführen. Auch sollten Sie nicht übertreiben und Ihre Aufmerksamkeit weniger auf die richtige Ausübung richten als vielmehr achtsam wahrnehmen, wie die Übungen auf Sie und später auf Ihr Pferd wirken.

Atemübung »Der Geysir«

Sie sitzen auf einem Stuhl oder Hocker. Seien Sie einen kleinen Moment ein Schauspieler und spielen Sie heftiges Erschrecken. Schnappen Sie nach Luft mit einem lauten »Hh!« Lassen Sie gleichzeitig Ihre verkrampften Hände zum oberen Brustraum hochschnellen. Auch die Kniegelenke sind Richtung Brustraum hochgezogen und die Augen weit aufgerissen.

Halten Sie einen Moment die Luft an und nehmen Sie bewußt die Anspannung in Ihrem Körper wahr. Fühlen Sie sich wie ein Geysir, kurz bevor der Strahl in die Höhe schießt. Vielleicht kennen Sie dieses Naturschauspiel oder haben es schon einmal im Film gesehen. Wenn nicht, nehmen Sie ein anderes Ihnen bekanntes Bild, das Ihnen hilft, Ihre bewußt gestaute Anspannung plötzlich mit einem begleitenden stimmlichen: »Bhhaa...« abzulassen. Atmen Sie lange durch den Mund aus. Und nehmen Sie auch wahr, wie Ihr visualisierter Geysir seine Kraft verschleudert, dann immer weniger wird, und wie zuletzt das ausgespiene Wasser wieder langsam zurück in die Erde fließt.

Dieses Bild des zum Schluß in die Erde zurücklaufenden Wassers hilft Ihnen zu fühlen, wie Sie nach unten vom Bauch aus, durch die Beine, die Füße bis in die Erde, Ihre

Anspannung mit dem Ausatmen abgeben können. Obwohl unsere Nase, wie auch beim Pferd, unser Atemorgan ist, können Sie bei der Atemübung »Geysir« durch den Mund ausatmen. Es fällt Ihnen so bestimmt leichter, Ihren Atem länger und bewußter ausfließen zu lassen.

Das umgepolte Unterbewußtsein

Bevor Sie nun diese Atemübung auf Ihrem Pferd ausführen, gehen Sie den Weg der kleinen, bewußten Schritte.

Beginnen Sie auch im Alltag, Ihr Erschrecken wahrzunehmen, und lassen Sie dem »Hh!« immer bewußter ein entspannendes »Bhhhaaa ...« folgen.

Ein kleiner Tip: Lassen Sie die begleitenden »Töne« im Büro oder sonst in der Gesellschaft stimmlos kommen. Vielleicht würden Sie sonst nur Kopfschütteln und verständnislose Blicke ernten. Aber achten Sie einmal darauf, was geschieht, nachdem Sie Ihr Unterbewußtsein umgepolt haben. Wenn etwa ein Düsenjäger im Tiefflug die Schallmauer durchbricht und alle in Ihrer Umgebung »Hh!« hervorstoßen und die Hände nach oben zum Brustraum hochreißen, Sie aber ganz entspannt mit einem innerlichen: »Bhhhhaaaa ...!« reagieren. Und vor allem – was meinen Sie, wie Ihr Pferd wohl darauf reagiert?

Die Vollatmung – die natürliche Atmung

In der T'ai Chi Ch'uan-Praxis wird die Bauchatmung als die natürliche, dem Menschen angemessene Atemweise angese-

hen. Aus diesem Grund spricht man auch von der natürlichen Atmung. Die T'ai Chi-Meister und -Lehrer gehen davon aus, daß sich diese Atmung durch das Üben des T'ai Chi Ch'uan auf natürliche Weise vertieft oder sich sogar wieder einstellt. Der Begriff »Bauchatmung« kann den falschen Eindruck hinterlassen, daß bei dieser Atemweise nur mit dem Bauch geatmet würde. Am schönsten zeigen uns die Babys das Bild der natürlichen Atmung. Ihr kleiner, runder Bauch weitet sich mit dem Einatmen, und erst in der Folge dehnt sich der Brustraum. Die reine Funktion des Atmens wurde zuvor in dem Kapitel »Kommunikationsmittel Atem« beschrieben, und es wurde auch auf seine Wichtigkeit im Umgang mit Pferden hingewiesen.

Die Bauchatmung, die korrekterweise mit Vollatmung bezeichnet werden müßte, ist den Babys und Kleinkindern aufgrund ihrer körperlichen Flexibilität noch natürlich gegeben. Erst mit zunehmenden schmerzvollen Erfahrungen beginnt das Kind unbewußt untere Atemräume zugunsten oberer Räume auszusparen. Zu dieser eingeschränkten Atmung, die auch mit »Brustatmung« bezeichnet wird, haben sich die meisten erwachsenen Menschen hinentwickelt. Über den Zeitraum und Beginn dieser Veränderung mag es verschiedene Meinungen geben, über das »Wodurch« sind sich viele Psychologen einig. Die gemachten Lebenserfahrungen prägen unseren Atem, so daß man von einem Atemmuster sprechen kann. Bei diesem Muster werden die Atemräume ausgespart, in denen Erinnerungen an Schmerz und Leid gespeichert sind. Unter anderem hat die zunehmende Veränderung zur Brustraumatmung den Verlust der Bodenständigkeit zur Folge. Ein Mensch mit Brustraumatmung ist nicht mehr im Besitz seines gesamten Körpers. Wie ein Mensch ohne Unterleib versucht er nun, überwiegend mit dem »Kopf« sein Verlangen nach Geborgenheit zu befriedigen. Nur, wie soll ihm dies als Reiter gelingen, wenn er seinen Schwerpunkt vom Pferd weg aus dem Bauchraum in den Kopf verlegt hat? Wer so kopflastig reitet, wird bestimmt die Erfahrung machen, daß er seinen natürlichen Halt leicht verliert oder sogar »kopfüber« vom Pferd stürzt.

Diese Erfahrung stellt nur einen Aspekt davon dar, warum die Wiedergewinnung der natürlichen Atmung zur vermehrten Sicherheit beim Reiten notwendig ist. Welche Schätze sind vielen Menschen durch den Verlust der natürlichen Atmung verlorengegangen! Und welche Hilfen zum sichereren Reiten werden uns von der Natur mit der Wiedererlangung der überwiegenden Bauchatmung geschenkt. Hier nur einige Beispiele: vermehrte Vitalität und Ausdauer, Steuerung des Bewußtseinspols und des Schwerpunkts, sichererer Sitz und Halt, flexibler, mitschwingender Körper, ruhige Zügelführung, ruhige Beine und vor allem ein ruhiger, entspannter Reiter, eine ruhige, entspannte Reiterin in Einheit mit dem Pferd, das den geringsten Hilfen vertrauensvoll und ruhig folgt.

Habe ich Ihr Interesse daran geweckt, das Reiten durch die natürliche Atmung sicherer zu machen? Wenn ja, was können Sie nun eigenverantwortlich tun, um wieder vermehrt zur natürlichen Atmung zu gelangen?

Erlegen Sie Ihrem Vorhaben keine Verbote auf, sondern nehmen Sie Ihren Atem so an, wie er ist. Denn jeder Atem hat seine Geschichte und drückt auch das aus, was ihn dazu gemacht hat. Nehmen Sie sich ein wenig Zeit und setzen Sie sich auf einen Stuhl oder Hocker auf den vorderen Bereich der Sitzfläche, so daß Ihr Rücken gerade und frei ist und keinen Kontakt zur Lehne hat.

Nehmen Sie Ihren Atem wahr, fühlen Sie, wie er in Sie hineinströmt und Sie wieder verläßt? Spüren Sie, ob Ihr Körper Bewegungen macht? Sie können auch die Hände zu Hilfe nehmen und Bewegungen ertasten. Bemühen Sie sich, nicht zu urteilen und nicht zu bewerten. Nehmen Sie nur achtsam wahr. Nun legen Sie Ihre beiden Hände unterhalb Ihres Nabels auf den Bauch. Richten Sie Ihre Aufmerksamkeit auf das Ausatmen und drücken Sie begleitend zum Ausatmen Ihre Bauchdecke leicht ein. Seien Sie entspannt und lassen Sie sich nicht leiten von Wollen und Sollen. Betreiben Sie diese Übung wie ein Spiel und bleiben Sie achtsam bei der Koordinierung von Ausatmen und leichtem Eindrücken der Bauchdecke. Wenn Sie wollen, können Sie den Druck mit der Hand immer geringer werden lassen. Nehmen Sie wahr, wie Ihre Bauchdecke auf das Ausatmen reagiert. Wenn Sie denken, es sei nichts wahrzunehmen, dann nehmen Sie dieses »Nichts« wahr.

Nun beginnen Sie, Ihr Bewußtsein langsam auf das Einatmen zu lenken. Lassen Sie Ihre Hände fest auf dem Bauch liegen und beginnen Sie, parallel zum Einatmen, mit der Bauchdecke gegen Ihre Hände zu drücken. Es kann sein, daß es Ihnen am Anfang schwerfällt, den Atem mit der drückenden Bewegung zu koordinieren. Bleiben Sie ruhig und gönnen Sie sich »Ihre Zeit«. Lassen Sie keinen Ehrgeiz aufkommen. Diese Übung ist leicht und fließend.

Besonders am Anfang sollten Sie nicht zu intensiv üben. Es genügt, wenn Sie Ihre Aufmerksamkeit auf das Atmen richten. Beobachten Sie, wie die Luft durch die Nase, Ihr Atemorgan, einfließt bis hinunter in den Bauchraum, wie sich gleichsam begleitend zum Einatmen die Bauchdecke hebt und wie erst im Anschluß an diese Bewegung der Brustkorb sich weitet. Fühlen Sie das Ausatmen und wie die Bauchdecke einsinkt. Nehmen Sie das Gefühl wahr, das sich in Ihnen ausbreitet.

Wenn Ihr Körper immer mehr mit dem Lebenselixier Luft angereichert wird, zu dem die Chinesen »Chi«, die alles durchdringende Lebensenergie, sagen, kann diese Atmung mit der Zeit für Sie vom Unterbewußtsein übernommen und wieder zu Ihrer natürlichen Atmung werden. Aus der Erfahrung, die ich während der zahlreichen von mir erteilten Kurse gewonnen habe, kann ich sagen, daß die Pferde deutlich und dankbar eine positive Resonanz auf die natürliche Atmung zeigen.

Natürliche Atmung – flexibler Körper

Im T'ai Chi Ch'uan wird die Meinung vertreten, daß die natürliche Atmung nicht machbar ist, sondern sich ergibt aus der Flexibilität des gesamten Körpers, wie sie dem Kleinkind noch gegeben ist. Für den verhärteten Erwachsenen ergibt sich aus den Übungen die nötige Flexibilität als Basis der natürlichen Atmung. Andererseits gewinnt unser Körper seine Flexibilität wieder zurück durch das Üben der ursprünglichen Atmung, wie zuvor beschrieben.

Dieser Vorgang läßt uns in der körpereigenen Peripherie während des Reitens in den Bewegungen ruhiger werden. Das heißt: Unser Körper wird so weich, mitschwingend und durchlässig, daß die Bewegungen des Pferdes sich nicht bis in die Hände und Füße fortsetzen können. Wären wir hart und erstarrt, würden die Bewegungen des Pferdes sich fortpflanzen bis in die äußeren Gliedmaßen. Unruhige Hände ergeben eine unruhige und unkontrollierte Zügelführung und ein unruhiges Pferd, das sich nicht geführt fühlt. Unruhige Beine ergeben unkontrolliertes Anschlagen an den Pferdebauch und unkontrollierbare Reaktionen des Pferdes, die das Reiten gefährlich werden lassen.

»So sind das Harte und Starre Gesellen des Todes, das Weiche und Bewegliche Gesellen des Lebens.«

Vitalität und Ausdauer

Nach taoistischer Auffassung schafft die natürliche Bauchatmung beste Voraussetzung für die gesamte Lungenatmung, die aber nur einen Teil des Atemvorgangs darstellt, denn zusätzlich wird begleitend im Rhythmus der Lungenatmung kosmisches Chi geatmet, das den ganzen Menschen als sein »Organ« hat. Dieser Atem wirkt im feinstofflichen Wesensbereich und durchdringt und vitalisiert den gesamten Menschen mit all seinen Funktionen.

Aber auch die normale Funktion der Vollatmung läßt einsehen, daß wir durch die vermehrte Aufnahme von Sauerstoff, im Gegensatz zur Brustatmung, vitaler und ermüdungsfreier werden. Verstärkt wird dieser Vorgang noch durch den einhergehenden Entgiftungsprozeß durch intensiveres Ausatmen des abgeschiedenen Giftstoffes Kohlendioxid.

Nicht nur für Distanzreiter ergibt sich die Möglichkeit, durch die natürliche Atmung die eigene Vitalität und Ausdauer zu steigern.

Bewußtseinspol und Schwerpunkt

Je näher sich der Schwerpunkt des Reiters am Pferd befindet, desto sicherer wird der Sitz. Diese These bezieht sich zunächst auf die körperliche Haltung des Reiters. Ein Dessurreiter mit langen, nur leicht angewinkelten Beinen hat den Schwerpunkt seines Körpers weit unten und sitzt tief *im* Pferd. Beim Springreiter mit stark angewinkelten Beinen liegt der Schwerpunkt höher: Er sitzt *auf* dem Pferd. Welcher Sitz mehr Halt und Sicherheit bietet, ergibt sich schon allein aus den Naturgesetzen.

Wie wir unseren Schwerpunkt zusätzlich mental noch vertiefen können, habe ich in der Atemübung »Der Geysir« beschrieben. Diese Übung hat zur Folge, daß der Reiter sich mit seiner Atmung fest verwurzelt, so wie ein gesunder, mächtiger Baum, der mit seinem kräftigen Stamm nach unten fest verwurzelt ist und nach oben mit seinen Zweigen und seinem Blattwerk immer leichter wird. Wer sich so in sein Pferd einatmet, ist fest verwurzelt und bekommt Halt und Sicherheit.

Bewußtseinspol und Ängste

Das Thema Ängste und Reiter bietet genügend Stoff, um ein gesondertes Buch zu füllen. Dennoch möchte ich an dieser Stelle versuchen, in Kürze den Atem als Mittel zur Auflösung von Ängsten vorzustellen. Dazu sollten wir zunächst unterscheiden zwischen Angst und Furcht. Furcht gehört mit zum Überlebenssystem des Menschen und ist ein Schutzmechanismus vor dem Unbekannten. Wirkliche Ängste befinden sich im tieferen Wesenskern und gehören in kundige Behandlung.

In unseren Kursen habe ich oft die Erfahrung gemacht, daß sich vermeintliche Ängste mit Furcht vermischen. Den Schutzfaktor Furcht lösen wir auf, indem wir das Unbekannte bekannt machen. Vermeintlichen Ängsten begegnen wir mit dem Atmen. Bei aufkommenden Ängsten verlagert sich

der Bewußtseinspol aus der Mitte nach außen und steigert die Angst, ein Prozeß, der sich verselbständigen und bis zur Panik steigern kann. Beginne ich aber, mich sogleich auf den Atem zu besinnen, indem ich ihn bewußt wahrnehme und sein Ein und Aus verfolge, finde ich wieder zu meiner »Mitte« zurück.

Wollen Sie, wie hier beschrieben, eventuellen Ängsten im Umgang mit Pferden begegnen, dann sollten Sie sich sogleich bei aufkommender Angst auf den Atem besinnen. Hierzu werden Ihnen auch die Achtsamkeitsübungen helfen, die in diesem Buch beschrieben werden.

»Trägst du sie denn immer noch?«

Auf ihrer Wanderung zu einem Kloster kamen zwei Mönche an einen Fluß, der Hochwasser führte. Eine junge Frau in einem seidenen Kimono stand am Ufer. Da die Furt überschwemmt war, bot einer der Mönche sich an, sie hinüberzutragen. Der Mönch nahm die zierliche Frau in die Arme und trug sie ans andere Ufer.

Als er sie auf trockenem Boden abgesetzt hatte, nahm er schweigsam seine Wanderung wieder auf. Der andere stolperte eilig hinter ihm her. Nach einer Weile sagte er aufgeregt: »Du weißt, ich muß es dem Roshi sagen!«

Der andere schwieg und ging ruhigen Schrittes seinen Weg. Es dauerte nicht lange, da bekam er zu hören: »Du weißt doch, daß uns die Mönchsregeln streng verbieten, auch nur in die Nähe einer Frau zu kommen. Aber du hast diese junge, schöne Frau sogar in deinen Armen gehalten und sie getragen!«

Erstaunt wandte sich der andere um und sagte: »Ich habe sie längst am Flußufer abgesetzt. Trägst du sie denn immer noch mit dir?«

Der 6. Schritt:
Das Zentrieren in der Mitte

Kraftfeld

Das ganzheitliche Reiten ist eine Disziplin, die Körper-Seele-und-Geist auf einen Punkt hin zentriert. Diesen Punkt benennen die Chinesen mit *Tant'ien*. Die Deutung dieses Wortes gibt schon genügend Hinweise darauf, was wir von dem so bezeichneten Ort erwarten können. In dem Buch »Lebensschwung durch T'ai Chi« schreibt Al Huang: »*Tan* bezeichnet die konzentrierte Lebensessenz und auch die volle rote Farbe des Blutes. *T'ien* heißt »Feld« oder »Ort«. Deshalb ist das *Tant'ien* das Kraftfeld, die wirkliche Energie, das Sammelbecken deiner Vitalkraft. Das *Tant'ien* entspricht dem japanischen *Hara* oder dem *Kath* der Sufis. Die Aufmerksamkeit auf den Atem und das *Tant'ien* auszurichten ist eine sehr brauchbare Methode, sich zu zentrieren.«

Dieses »Zentrieren« kommt auch in dem Begriff *T'ai Chi* zum Ausdruck. Im zuvor benannten Buch erklärt Al Huang: »*T'ai*, das in der Mitte zentrierte Gefühl eures physischen und mentalen Selbst.« Dieser Ort befindet sich im Unterleib, direkt unter dem Nabel. Er ist das Sammelbecken des Chi, die alles durchdringende und alles verbindende Lebensenergie.

Auch in unserem Kulturkreis gibt es genügend Hinweise, daß uns der Ort des Kraftfeldes bekannt ist. Redensarten wie: »Er ist aus seiner Mitte gefallen« oder »Er hat seine Mitte verloren« sind uns allen bekannt. Oder wenn wir den Ort für Vorahnungen beschreiben, »ahnen« wir unsere natürliche Weisheit in unserer Mitte, dem Bauch: »Ich hatte so ein Gefühl im Bauch!« – »aus dem Bauch heraus handeln!«

All diese Redensarten haben auch bei uns im Westen Tradition und können sicher auf eine jahrtausendealte Geschichte und ebenso lange Erfahrungen zurückblicken. Letztlich geben sie aber auch uns westlich orientierten Menschen den Hinweis, daß wir Sicherheit und Kraft nur aus unserer eigenen Mitte beziehen können.

Wie dieser Ort zu aktivieren ist, dafür geben uns die Chinesen einige Hinweise. Aber auch in anderen Kulturen werden Praktiken benannt, die dazu geeignet sind, die eigene Mitte wiederzufinden oder zu stärken. Als »Werkzeug« werden hierzu in der Regel die Achtsamkeit und der Atem genannt und als Bewußtseinsübungen genau beschrieben. Für unser Vorhaben kann es genügen zu wissen, daß wir mit unserer Achtsamkeit den Bewußtseinspol beeinflussen und steuern können. Hierzu zwei Übungen, eine ohne und eine mit Pferd.

Achtsamkeitsübung

Setzen Sie sich möglichst nur mit dem hinteren Bereich Ihres Gesäßes auf einen Stuhl oder einen Hocker. Die rechte Hand legen Sie in die linke. Nehmen Sie eine aufrechte Haltung ein. Die Füße ruhen schulterweit auseinander auf dem Boden. Kniekehle, Becken und Oberschenkel, Kinn und Hals sollten jeweils rechte Winkel bilden.

Nehmen Sie Ihren Atem wahr und verfolgen Sie ganz achtsam, wie dieses Lebenselixier in Sie hineinfließt. Atmen Sie durch die Nase ein und aus. Lassen Sie den Atem ruhig und gleichmäßig fließen. Verfolgen Sie, wie er durch die Nase in Sie hineinströmt, bis tief hinunter in Ihren Bauchraum. Stellen Sie sich vor, wie sich in diesem Raum, den die Chinesen Tant'ien nennen, ein Kraftfeld bildet, welches Sie mit Ihrem Einatmen nähren und mit dem Ausatmen sich ausdehnen lassen. Bleiben Sie eine Weile mit Ihrer achtsamen Hinwendung in Ihrer »Mitte«.

Jetzt können Sie sich wie eine Pyramide fühlen, nach oben ganz leicht, aber nach unten hin schwer und satt aufliegend. Wer will Sie in dieser Verfassung noch umstoßen können?

Beenden Sie langsam diese Atemübung in dem Bewußtsein, sich ein Tant'ien geschaffen zu haben, das Ihnen wie eine aufgeladene Batterie Kraft für ein vitales Leben gibt. Denn nach der Überzeugung des T'ai Chi Ch'uan hat hier im Bauchraum jede Bewegung und Aktion ihren Ursprung.

Übung »Sitzen auf dem Pferd«

Eine wichtige Übung in den ersten Tagen unserer Reit-
kurse ist das »Sitzen auf dem Pferd«, eine ganz einfache
Übung und deshalb wohl so schwer. Als erwachsene
Menschen sind wir gewohnt, immer etwas tun zu müssen
oder zu wollen. Und nun sollen Sie »nur« sitzen, ohne etwas zu sollen oder zu müssen.

Unsere Pferde stehen auf das Wort »Wooouuu« ganz ruhig.
Also auch von den Pferden kommt keine Aufforderung zum
Agieren, auch keine Unterhaltung. Was soll das Ganze?
Schließlich sind die Kursteilnehmer doch gekommen, um das
Reiten zu lernen, und nun sitzen sie hier auf einem ruhig
dastehenden, ungesattelten Pferd. Wenn aber bei den Teil-
nehmern erst einmal die Phase des »Warum?« durchbrochen
ist, kann das »Wozu!« erlebt werden. Der zukünftige Reiter
erkennt zum Beispiel auf einmal, daß er getragen wird, daß er
sich vertrauensvoll hingeben kann und vor allem daß er Halt
bekommt, auch ohne »Lenker« und »Trittbretter«, und zwar
um so mehr, je mehr er sich hingibt. Er fühlt die Atembewe-
gung des Pferdes, läßt auch seinen Atem fließen und fühlt,
wie er mit dem Ausatmen sich in das Pferd hineinatmet und
sich immer mehr mit dem Pferd verbindet.

Schon in dieser frühen Phase des Lernens haben viele
Schüler das Erlebnis gehabt, in Einheit mit dem Pferd zu
sein, nichts Trennendes mehr zwischen der Innenwelt und
der Außenwelt. Für einen kurzen Moment durften sie jetzt
schon erleben, wie das begrenzte Denken und alle Nöte des
Alltags sich auflösten in nicht wertendes Gewahrsein.

Der 7. Schritt:
Das natürliche offene Schauen

Das Nahe und das Ferne

Während eines gemeinsamen Ausrittes sagte Tina, eine Grundkursteilnehmerin, zu mir: »Winne, dahinten ist eine Kuh ausgebrochen!« – »Wo denn?« fragte ich. »Da ganz hinten!« bekam ich zur Antwort. – »Ja, da ganz hinten, aber hier ganz nah geschieht es!« Ich hörte, wie das Getrappel kleiner Hufe und fröhliches, aufgeregtes helles Wiehern hinter uns sich schnell näherten. – »Winne, die Kuh ist raus, ich habe Angst davor!« – »Achtung, halt das Fohlen mit deiner Gerte auf Abstand!«

Fast im gleichen Moment zischte wie ein feuriger Kobold unser frei mitlaufendes Fohlen, übermütig im Vorbeigaloppieren nach seiner Mutter auskeilend, an uns vorbei. Eine Wendung nach links, die ich noch mit meinem Pferd und dem Handpferd einleiten konnte, hat wahrscheinlich Schlimmeres verhütet. So vollführten die kleinen Hufe nur Schläge in die Luft und konnten kein Reiterknie verletzen. Hätte ich wie Tina den Fokusblick mit zusammengekniffenen Augenlidern auf nur einen Punkt in der Ferne festgebannt, hätte es bestimmt blaue Flecken oder mehr gegeben. Denn auf der Mutter des Fohlens, die ich als Handpferd mitführte, saß die Kursteilnehmerin.

Den Fohlen ist es gleichgültig, ob die Mama alleine ist oder ob sie geritten wird. Offensichtlich macht es den Kleinen eine gewisse Zeitlang viel Freude, nach der Mutter hin auszukeilen. Dieses rüpelhafte Verhalten der Pferdekinder wird von ihren Müttern mit unermeßlichem Gleichmut ertragen. Ihr dicker Bauch oder das kräftige Hinterteil sind wohl auch nicht so empfindlich wie das Knie eines Reiters. In dieser übermütigen Phase des Fohlenlebens empfehle ich zum Schutz der Knie feste Chaps und eine lange Gerte, mit der das Fohlen auf Abstand gehalten werden kann. Aber das Erlebnis meines Ausritts mit Tina ist ein Beispiel dafür, wie durch die eingeschränkte Wahrnehmung das Reiten und der Umgang mit Pferden gefährlich werden können.

Im Kapitel »Hochmut kommt vor dem Fall« habe ich beschrieben, wie die Pferde in ihrer Wahrnehmungsmöglichkeit den Menschen überlegen sind. Würden die Pferde so wie Tina nur ein Objekt alleine in der Ferne fixieren und ihr Bewußtsein in die Zukunft projizieren, ihr Überlebenssystem wäre nicht vollkommen.

Für das zuvor beschriebene eingeschränkte Wahrnehmungsvermögen unserer Kursteilnehmerin ist sicherlich das dominante logische Denken mitverantwortlich. Im Unterschied zu den Pferden geht uns der umfassende Blick ab. Diese Sehgewohnheit entspricht dem logischen Denken insofern, als sie nur partiell wahrnimmt, aber nicht das Ganze im Bild hat. Die von der geistigen Yang-Kraft zensierte Wahrnehmung kann nur »un-heil« sein, da ihr der entsprechende Gegenpol, die weibliche Yin-Energie, fehlt.

Die Nachteile des begrenzenden, fixierenden Schauens stechen klar ins Auge. Der fixierende Fokusblick bannt die bewertende Wahrnehmung auf einen Punkt. Somit wird die Achtsamkeit durch das analytische Denken in die Zukunft und in die Vergangenheit projiziert. Im Geiste wird das Anfixierte mit schon verarbeiteten und bewerteten Bildern verglichen und eingestuft. Das wirklich »neue« Wahrnehmen wird durch die einseitige Betrachtungsweise verhindert oder zumindest erschwert.

Wie sehr diese einseitige Betrachtungsweise während des Reitens, aber auch während des Umgangs mit Pferden Gefahrensituationen entstehen läßt, konnte sicher das zuvor beschriebene Erlebnis mit dem »nahen Fohlen« und der »fernen Kuh« verdeutlichen. Wenn es uns gelingt, die sinnliche Wahrnehmung zu »öffnen« für hinten und vorne, für das Ferne und das Nahe, für das Enge und das Weite, für das Tiefe und das Hohe, kann das Erleben mit Pferden immer sicherer werden.

Übung »Das offene, sanfte Schauen«

Wieviel mehr das offene, sanfte Schauen gegenüber dem zentrierten, harten Fixieren wahrnehmen läßt, kann folgende Übung verdeutlichen, zu der Sie einen Partner oder eine Partnerin brauchen.

Stellen Sie sich auf einen Platz, den Sie während dieser Übung nicht verlassen sollten. Schauen Sie fixierend auf einen Punkt in der Ferne. Sollten Sie im Zimmer üben, dann können Sie auch ca. 3 m von einer Wand entfernt stehen, an der Sie ein kleines Bild oder Amulett befestigt haben. Lassen Sie Ihren Blick ganz hart werden, als ob Sie das fixierte Objekt mit Ihren Blicken durchbohren wollten.

Ihr Partner steht hinter Ihnen, außerhalb Ihres Gesichtsfeldes. Langsam schreitet er nun in Ihr Blickfeld. Sie halten Ihre Sinneswahrnehmung weiterhin starr auf das Objekt an der Wand oder in der Ferne gerichtet. Wenn Ihr Partner in Ihre eingeschränkte Wahrnehmung eindringt, nicken Sie als Zeichen mit dem Kopf. Der Partner hinterläßt an der Stelle, an der Sie ihn wahrgenommen haben, eine Markierung und begibt sich wieder in die Position hinter Ihnen, außerhalb Ihres Gesichtsfeldes.

Strecken Sie nun Ihre Arme waagerecht nach vorne aus. Die Handflächen liegen aufeinander. Nun trennen Sie Ihre Hände voneinander und schauen in den freien Raum hinein. Ihre Arme öffnen sich langsam immer mehr.

Wahrscheinlich werden Sie merken, wie Ihre Augen immer wieder versuchen, einer Ihrer Hände zu folgen. Holen Sie Ihren Blick von dem einseitigen Schauen zurück und lenken Sie Ihre Wahrnehmung in den immer größer werdenden freien Raum hinein. Wenn Sie mit weit zu den Seiten ausgebreiteten Armen dastehen und nur noch sanft und offen in den freien Raum hineinschauen, sollte Ihr Partner wieder von hinten her langsam in Ihr Gesichtsfeld treten.

Das Ergebnis Ihres Versuches kann ich nicht vorwegnehmen, aber aus der Erfahrung unserer Kurse weiß ich, wie verblüfft unsere Teilnehmer jedesmal sind. Sie haben es sich nicht vorstellen können, um wieviel mehr sich ihr Blickfeld und ihre geistige Wahrnehmung geöffnet haben mit dem erweiterten, offenen Schauen.

Können Sie sich jetzt schon vorstellen, daß mit diesem offenen Schauen die ausgebrochene Kuh in der Ferne *und* das nahe, von hinten herangaloppierende Fohlen gemeinsam wahrzunehmen sind?

»Wer weiß, wofür es gut ist?

In der Nähe eines Dorfes wohnte ein alter Mann mit seinem einzigen Sohn. Obwohl sie sehr arm waren, gehörte ihnen ein wunderschöner Hengst, den sie liebevoll pflegten und behüteten. Viele Pferdeliebhaber wären gern in den Besitz dieses außergewöhnlichen Pferdes gekommen. Selbst die Reichsten des Landes boten dem alten Mann Unsummen für das herrliche Tier. Aber der Alte verkaufte es nicht.

Er sagte immer nur: »Dieses Pferd ist mein Freund, und wie könnte ich einen Freund verkaufen!«

Über so viel Unverstand schüttelten die Leute im Dorf den Kopf und sagten: »Alter Mann, du bist dumm, daß du so viel Geld ausschlägst!« Der Alte erwiderte nur: »Wer weiß!«

Eines Morgens war das Pferd nicht mehr in seinem Stall. Nun kamen die Leute des Dorfes und sagten: »Alter Mann, wir haben es immer schon gewußt, daß es nicht gutgehen konnte, das Pferd zu behalten. Jetzt hast du kein Pferd mehr, und Geld hast du auch nicht bekommen. Welch ein Unglück!«

Der Alte sagte nur: »Geht nicht so weit in eurer Beurteilung, sagt nur, das Pferd ist nicht mehr im Stall. Ob es ein Unglück ist, könnt ihr nicht wissen. Ihr beurteilt immer nur einen Teil, so als ob ihr nur eine Seite eines Buches gelesen hättet und meint, das ganze Buch zu kennen!«

Eines Tages kam der Hengst wieder zurück und brachte sogar noch zehn herrliche Stuten mit. Und wieder kamen die Leute aus dem Dorf und sagten: »Alter Mann, du hattest recht, es war kein Unglück. Jetzt bist du reicher als zuvor. Welch ein Glück!«

Der Alte aber sagte: »Geht nicht so weit in eurer Beurteilung. Ob es Glück oder Unglück ist, weiß nur Gott allein!«

Dagegen konnten die Leute nicht viel einwenden. Aber insgeheim fühlten sie sich im Recht. Schließlich waren zehn herrliche Pferde dazugekommen.

Nach einiger Zeit begann der einzige Sohn des Alten, die neu hinzugekommenen Stuten einzureiten. Dabei stürzte er von einem besonders wilden Tier und brach sich beide Beine. Wieder kamen die Leute aus dem Dorf und sagten: »Alter Mann, du hattest recht, es war kein Glück, daß die zehn Pferde zu dir gekommen sind. Jetzt hat dein Sohn sich die Beine gebrochen und wird ein Krüppel sein. Er war aber die einzige Stütze deines Alters. Jetzt bist du ärmer als je zuvor!«

»Ihr seid besessen vom Urteilen. Sagt nur, daß mein Sohn sich die Beine gebrochen hat. Ob es ein Unglück oder ob es Glück ist, könnt ihr, die ihr immer nur die eine Seite seht und bewertet, nicht wissen. Wer weiß, wofür es gut ist, was meinem Sohn und mir widerfuhr!« Kopfschüttelnd verließen die Leute den alten Mann mit seinem verkrüppelten Sohn. Sie hatten ja schon lange geahnt, daß der Alte nicht mehr so ganz richtig im Kopf war.

Bald darauf wurde das Land in einen fürchterlichen Krieg verwickelt. Alle jungen Männer des Dorfes wurden eingezogen, nur der verkrüppelte Sohn des Alten nicht. Und wieder kamen die Menschen des Dorfes zu dem alten Mann und klagten ihr Leid: »Alter Mann, du hattest recht. Unsere Söhne müssen alle in den Krieg, und wir werden sie bestimmt nicht wiedersehen, denn dieser Krieg ist nicht zu gewinnen. Dein Sohn ist zwar verkrüppelt, aber er bleibt dir doch erhalten. Was hast du für ein Glück!«

Der Alte erwiderte: »Wieder geht ihr in eurem Urteil zu weit. Sagt nur, daß eure Söhne gezogen wurden und meiner nicht. Ob es ein Unglück oder ein Glück ist, könnt ihr nicht ermessen. Das weiß nur das Ganze, das weiß nur Gott allein!«

Der 8. Schritt:
Die energetische Haltung

Pferde – Spiegelbild der Seele?

Die Aussage »Pferde – Spiegelbild der Seele« trifft nur dann voll zu, wenn sich die Persönlichkeit und die Seele im Einklang befinden, ein Zustand, der für Kleinkinder während einer gewissen Zeitspanne in ihrer Entwicklung zutreffen mag. Mit zunehmendem unterscheidendem Denken bildet sich aber das individuelle Ego.

In der Regel trifft für den erwachsenen Menschen zu, daß die Pferde Spiegelbilder seines Egos sind und nicht der Seele. Denn das Ego ist Ausdruck des »Ich«, welches aus der Einheit gefallen ist und sich somit vom »Du« unterscheidet.

Der neugeborene Mensch wird aus der Einheit, der Symbiose mit der Mutter, hineingeboren in die polare Welt der Zweiheit. Weitgehend frei von prägenden Erlebnissen beginnt nun dieses kleine Wesen, sein Überleben zu sichern. Selbst hilflos, ist es auf die Hilfe von »anderen« angewiesen. Instinktiv ist dieses kleine Menschlein bemüht, den Erwartungen »anderer« zu entsprechen, um lebenserhaltenden Schutz, Geborgenheit und Zuwendung zu bekommen. Dieser Schutzmechanismus ist für das Kleinkind lebenswichtig, aber für den heranwachsenden Menschen wirkt der »kindliche Schutz« prägend und bestimmt gegebenenfalls (wenn der Mechanismus nicht erkannt und aufgelöst wird) die weitere Entwicklung zu seinem (fremdorientierten?) »Ich«. Somit beinhaltet die Identifikation mit dem »Ich« Konditionierungen aus gelebten Erfahrungen.

Innerhalb der zehn grundlegenden Punkte des T'ai Chi Ch'uan heißt es im 8. Punkt: »Inneres und Äußeres sind ge-

genseitig verbunden, der Geist ist der führende Befehlshaber, der Körper ist der ausführende Bote.« Somit ist unsere »äußere« Haltung mit unserer »inneren« Haltung verbunden, so daß das Äußere, Sichtbare einen Indikator unserer inneren, verdeckten Befindlichkeit darstellt.

Um unsere innere Befindlichkeit, das heißt, unsere wirkliche Wahrheit zu erkennen und widerzuspiegeln, bedarf es bei den Pferden keiner geistigen »Kraftakte«. Sie zeigen uns instinktiv und unmittelbar durch ihr Verhalten unsere wirkliche innere Wahrheit. Genauso ehrlich wie die Pferde zeigt uns aber auch unser Körper im Äußeren, wie ein klarer Spiegel, das innere Sein. Wie zuvor schon beschrieben ist nicht nur die Art des Atmens ein Produkt unserer Lebenserfahrung, sondern auch die Körperhaltung. »Keine Haltung bewiesen« – »Haltung bewahren« – »das Rückgrat gebrochen« – »aufrecht durchs Leben gehen« – »erhobenen Hauptes« – »sich ducken« oder »krummer Hund« und »Duckmäuser« sind alles Ausdrucksweisen, die die Psyche betreffen und nicht die sichtbare körperliche Haltung.

So gebe ich der Aufforderung eines Reitlehrers, gerade zu sitzen, nur dann eine Erfolgschance von bleibendem Wert, wenn die aufrechte Haltung im Inneren begründet ist. Trifft dies nicht zu, so wird die willentlich hergestellte Haltung immer wieder in ihren begründeten Ausdruck zurückfallen.

So wird ein Reiter, der Angst vor der Geschwindigkeit oder vor dem eigenen »Zügellosen« hat, den Oberkörper mit Kopf zurücknehmen und seine Beine nach vorne bringen. Insgesamt erinnert diese Haltung an einen Rodler, der seine Absätze zum Abbremsen in den Schnee stemmt.

Ein Reiter, der den Oberkörper zurücknimmt, aber den Kopf nach vorne streckt, wird auch als Mensch kopflastig sein und alle Probleme im Leben mit dem Kopf erledigen wollen. Reiter, die den Oberkörper nach vorne neigen und die Beine zurücknehmen, sind meist Menschen, die den Moment nicht aushalten wollen. Oftmals sind es auch Reiter, die permanent mit den Beinen ihren Pferden in den Bauch »kicken«, als wollten sie sagen: »Nichts wie weg hier, nichts wie weg hier . . .!« So beinhaltet jede Haltung, die aus der Mitte herausgefallen ist, eine Botschaft und wird von den Pferden auch als solche verstanden.

Halb scherzhaft sage ich manchmal zu unseren Schülern: »Reiten besteht aus »nichts«, es sei denn, ich will etwas!« Jede Abweichung von diesem »nichts« beinhaltet eine Botschaft der Psyche oder unseres Egos. Nur wenn wir die Haltung einnehmen, die »nichts« beinhaltet und frei von Prägungen und Erwartungen ist, können wir uns den Pferden klar und sicher mitteilen. Dieses Nichts ist absichtslos und befindet sich als Zeitraum zwischen Vergangenheit und Zukunft im Hier und Jetzt.

Die aufrechte Haltung

Auch in der T'ai Chi-Lehre wird die Haltung des Körpers genau beschrieben. Auch hierbei wird die Meinung vertreten, daß sich die Aufrichtung von innen her erfährt. Es wird aber auch die Meinung vertreten, daß sich ein Haltungsideal als Richtlinie zum Üben aus den Prinzipien des T'ai Chi Ch'uan ergibt. Die Lehre geht allerdings davon aus, daß es viele Jahre geduldigen Übens bedarf, bis diese Haltung bei allen Bewegungen entspannt eingenommen werden kann.

Aber was können wir nun tun, um wieder aufrecht zu werden? Mein Vorschlag: Werden Sie sich Ihrer selbst bewußt und werden Sie dessen gewahr, daß Sie aus Ihrer Mitte herausgefallen sind. Und dann nehmen Sie einmal ganz bewußt eine aufrechte Haltung ein, um somit Ihrem inneren Seelenwesen die Möglichkeit zu geben, in diese neue, bewußt erschaffene Haltung hineinzuwachsen.

Vom Schöpfer aus sind wir für die aufrechte Haltung vorgesehen. Der Mensch, die direkte Verbindung zwischen Himmel und Erde, der Mensch, das aufrechte Wesen zwischen den sich bedingenden Energien, dem männlichen Yang des Himmels und dem weiblichen Yin der Erde. Die Verbindung zwischen Himmel und Erde ist direkt und verläuft ohne Umwege von oben nach unten und von unten nach oben. Als gedachte Linie verläuft sie beim aufrechten Menschen von den Ohrläppchen durch den Körper bis zu den Fußknöcheln. Jede Abweichung von dieser Mittellinie hat eine Botschaft und wird von den Pferden verstanden und reflektorisch mitgeteilt.

Einige Übungen wurden in diesem Buch schon beschrieben, die dazu beitragen, die Mitte wiederzufinden. Der Anfang dazu ist aber:

1. Wahrnehmen, ohne Wenn und Aber
2. Sich selbst gegenüber ehrlich sein, um dann die Eigenverantwortung zu erkennen und ohne Schuldzuweisung gegenüber anderen zu leben.

Auch im Umgang mit Pferden fallen so das Böse, das Schlechte und das Falsche im Äußeren weg, und ich habe die Chance, es aus mir heraus zu wandeln. Wie der Atem seine ureigene Entstehungsgeschichte hat, so ist es auch mit der Körperhaltung. Vielleicht ist es ein lebenslanger Prozeß, die eigene Geschichte wieder rückwärts aufzuspulen oder die »Verwicklung« in der Lebensgeschichte zu »ent-wickeln«.

Ich gehe davon aus, daß Ihre Geschichte eine »ganz normale« ist und Sie ohne Hilfe eines Therapeuten auskommen. Wenn ja, dann kann zunächst der Glaubenssatz hilfreich sein: »Es ist, wie es ist – sagt die Liebe.« Und ganz sicher hat jeder Mensch sein ganz persönliches Päckchen zu tragen, das auch oftmals zu schwer ist und nur mit gebeugtem Rücken getragen werden kann.

In der T'ai Chi-Lehre wird die Überzeugung vertreten, daß das Üben des T'ai Chi Ch'uan eine zunehmende Bewußtwerdung unserer Haltung bewirkt. Sie erfährt eine Aufrichtung von innen her, wird belebt und trägt wesentlich zu einem grundlegenden Zustand des Wohlbefindens bei. Haltung ist nicht mehr angestrengtes, angespanntes Sich-halten-Müssen, sondern ein Gehaltensein in angenehmer Sanftheit und Leichtigkeit. Die Haltung gibt wieder Halt, und das nicht nur in körperlicher, sondern auch in geistiger Hinsicht.

Die aufrechte und somit energetische Haltung wird im T'ai Chi genau beschrieben. In ihrem Zentrum steht die Ausrichtung der Wirbelsäule.

In der klassischen Schrift des T'ai Chi Ch'uan steht geschrieben: »Die Wirbelsäule soll so gerade gehalten werden, als ob man einen Stock verschluckt hätte.« Oder aus den zehn grundlegenden Punkten Yang Ch'eng-Fus: »Wird der Rükken gerade gehalten, so fließt die Kraft auf unvergleichliche Weise.«

Im Gegensatz zur westlichen Wissenschaft wird in der T'ai Chi-Lehre die Meinung vertreten, daß bei einer geraden Haltung der Wirbelsäule die einzelnen Wirbel aufeinander ruhen, so daß sich die Säule von selbst halten kann. Bei dieser Haltung werden die Nervenbahnen, die aus den Wirbelbögen austreten, nicht behindert. Die Federwirkung, die normalerweise von der S-Form der Wirbelsäule übernommen wird, übernimmt bei gerader Haltung die Bandscheibe als Pufferzone. Diese Überzeugung wird beispielsweise auch in der Alexander-Technik vertreten.

Als natürliche Haltung können wir diese Art des Sich-Haltens bei einem gesunden Kleinkind noch beobachten, bevor die Lebensgeschichte ihre Spuren hinterlassen hat. Das Kind steht noch mit beiden Füßen fest auf dem Boden, mit gerader, aufrechter Wirbelsäule. Die Schultern sind entspannt. Der Kopf wird ausbalanciert in der Mitte leicht und frei getragen. Was den Kindern noch von Natur aus gegeben ist, wird in der Lehre der T'ai Chi Ch'uan genau beschrieben.

Der Kopf

Der Kopf soll aufrecht und ausbalanciert getragen werden.

Das Kinn wird angezogen, gleichzeitig wird der Scheitelpunkt nach oben gedrückt, als ob er den Himmel stützen wollte.

Diese Kopfhaltung bedarf einer längeren Zeit des Übens, um sie entspannt beibehalten zu können. Die Haltung soll sich mit der Zeit mehr durch Hindenken als durch Kraftaufwendung ergeben. Mit der Zeit und der Übung wird es angenehm leicht, den Kopf aufrecht zu tragen.

Die Schultern, die Ellenbogen

Schultern und Ellenbogen wollen natürlich, entspannt hängen.

Die Brust

Die Brustpartie wird entspannt durch das »Sinkenlassen«. Dadurch korrigiert sich die Brustwirbelsäule von innen her.

Die Beine, die Knie

Die Knie sind bei allen Bewegungen gebeugt. Sie sollen über den Füßen bleiben, damit sich die Beine »wie im Reitersitz« öffnen können.

Der Mundraum, die Zunge

Der Mund ist zu einem sanften Lächeln geschlossen. Die Zähne ruhen bei entspanntem Kiefer aufeinander. Die Zunge liegt am oberen Gaumen.

Innerhalb der energetischen Haltung kommt der Zunge eine zentrale Bedeutung zu. Sie verbindet wie ein Lichtschalter oder Bindeglied die aufsteigende Yang-Energie mit der sinkenden Yin-Energie. Wie schon im Kapitel »Energien fühlen und lenken« beschrieben, beginnt das Lenkergefäß am Dammpunkt, zieht sich über die Rückenlinie, Halspartie,

Scheitelpunkt, Stirn, Nase und endet am oberen Gaumen. An der Zungenspitze beginnt das Dienergefäß und verläuft nach unten über die vordere Halspartie, das Brustbein, den Bauchraum bis zum Dammpunkt. Nur wenn diese beiden sich bedingenden Energieverlaufbahnen miteinander verbunden sind, können die Energien fließen und sich in Harmonie miteinander befinden.

Zum Abschluß unseres 8. Schrittes, das Einnehmen der energetischen Haltung, möchte ich Ihnen noch eine Bewußtseinsübung mit auf Ihren weiteren Weg geben.

Das besonders Auffällige ist bei den Übungen des T'ai Chi Ch'uan, daß es weniger darum geht, die Achtsamkeit auf die Richtigkeit der Übung zu lenken, als vielmehr auf ihre Auswirkung. Je mehr wir von dem normalen Gedanken loskommen: »Mache ich die Übung richtig?«, desto mehr kann das Bewußtsein zu der Empfindung wachsen: »Was macht die Übung mit mir?«

Für uns westliche Menschen sicherlich eine ungewöhnliche Praxis. In der Regel sind wir doch so geprägt, daß wir fast zwanghaft alles richtig machen wollen. Nur dadurch meinen wir die Anerkennung zu bekommen, die wir uns erhoffen. Halt durch Festhalten zu bekommen ist uns in der Regel näher als fester Halt durch Loslassen.

Diese Prägungen kommen im traditionellen Reitstil wunderbar zum Ausdruck. Hier wird versucht, mit »Härte« das »Weiche« zu besiegen. In der fernöstlichen Tradition wird die Meinung vertreten, daß das Weiche das Harte durch Veränderung »besiegt«. Eine Anlehnung an diese östliche Philosophie gibt es auch in unserem Kulturkreis in dem Sprichwort: »Steter Tropfen höhlt den Stein!«

Bewußtseinsübung auf dem Pferd

Die folgende Übung soll Ihnen die Möglichkeit geben, es zu Ihrer eigenen Wahrheit werden zu lassen, daß das Weiche dem Harten überlegen ist und das Loslassen mehr Halt gibt als das Festhalten.

Diese Übung können Sie auf Ihrem Pferd erleben. Als wichtige Voraussetzung sollten Sie sich zunächst ein »weiches« und somit sichereres Umfeld schaffen. Beseitigen Sie auf Ihrem Übungsplatz alle Gegenstände, die zwar zur Bodenarbeit mit Pferden dazugehören mögen, aber jetzt nur hinderlich und gefährlich wären.

Nächste Voraussetzung ist, daß Ihr Pferd ruhig stehenbleibt. Falls Sie sich nicht sicher sind, sollte Ihnen ein erfahrener Helfer »zur Seite« stehen (besser noch vor Ihnen und dem Pferd), der es beruhigend am Führstrick hält. Sie werden aber auch erleben, daß Ihr Pferd, sobald Sie ruhig und bewußt in Ihr Tant'ien hineinatmen, ruhig wird und entspannt stehenbleibt.

Am eindrucksvollsten ist dieses Erlebnis auf dem nackten Pferderücken. Aber steigen Sie bitte behutsam auf, damit das Pferd nicht durch Schmerzerfahrung von Anfang an negativ geprägt ist.

Erlauben Sie sich zunächst nur einmal, auf dem Pferd zu sitzen, ohne etwas zu wollen oder zu sollen. Befreien Sie sich von allen Zielvorstellungen und genießen Sie nur den Moment. Sie sind zwischen Himmel und Erde, der körperliche Kontakt zur tragenden Erde ist aufgelöst, Ihre Beine baumeln von den Hüften abwärts nach unten. Gibt es Verspannungen? Dann lenken Sie Ihren Atem an diese Stelle in Ihrem Körper und beobachten Sie, wie die

Verspannungen auf das Ausatmen reagieren, ohne daß Sie diesen Vorgang beurteilen. Sie nehmen nur achtsam wahr, was geschieht. Und auch jetzt wieder, wenn Sie meinen, es geschieht nichts, dann nehmen Sie das »Nichts« wahr.

Lassen Sie das Lebenselixier Chi in sich hineinströmen, bis hinunter in den Bauchraum. Mit dem Ausatmen geben Sie alles Schwere, alles Belastende ab, durch die Beine bis tief hinein in den Boden. Stellen Sie sich vor, Sie seien ein Baum, der seine Wurzeln wachsen läßt bis tief in die Erde. Spüren Sie die Kraft der Erde, der Sie sich vertrauensvoll hingeben können. Ganz weich und durchlässig sind Sie, verbunden mit dem Pferd und frei und offen für die Kraft der Erde.

So fest verwurzelt ab Ihrer Gürtellinie nach unten, lenken Sie nun Ihre Achtsamkeit auf Ihren Oberkörper. Fühlen Sie, wie das Einatmen Sie ganz weit und das Ausatmen Sie ganz leicht macht – ganz federleicht. Stellen Sie sich vor, wie Sie ab der Gürtellinie nach oben mit dem Atmen immer offener, freier und leichter werden. Bleiben Sie bei Ihrer Beobachtung, ohne zu beurteilen und ohne im Geiste zu vergleichen mit dem, was ich hier geschrieben habe. Denn es kann so zu Ihrer eigenen Erfahrung werden, was der Atem mit Ihnen macht.

Bleiben Sie eine Weile in Ihrer Vorstellung der wachsende Baum, der nach unten fest verwurzelt ist mit der Kraft der weiblichen Erde und nach oben angezogen wird von der männlichen Kraft des Himmels. In der Wahrnehmung dieses Spannungsfeldes kann der Mensch zu dem werden, als was er vom Schöpfer gedacht war: das aufrechte Wesen zwischen Himmel und Erde.

Dieser Mensch ist sich auch als Reiter der Doppelwirkung der elementaren Kräfte bewußt geworden, die in ihm, aber auch außerhalb seines Selbst wirken. Dadurch, daß er das Wesen der Natur erkannt hat, sieht er sie nicht mehr als ihm feindlich gegenüberstehend. Das Unbekannte ist bekannt geworden, das Feindliche zum Freund, das Unsichere zum Schutz.

»Binde erst dein Kamel an!«

Mit ihren Kamelen zogen ein Meister und sein Schüler durch die Wüste. Die Sonne ging schon unter, als sie mit ihren erschöpften und durstigen Tieren eine Oase erreichten. Bevor die Reisenden in die Moschee zum Abendgebet gingen, trug der Meister dem Schüler auf, die Kamele zu versorgen.

Als sie am nächsten Morgen weiterziehen wollten, waren die Kamele nicht mehr aufzufinden. »Was hast du mit den Kamelen gemacht, warum sind sie nicht an ihrem Platz?« fragte der Meister.

»Ich habe sie in Allahs Hände gegeben, damit er für sie sorge!« gab der Schüler zu Antwort.

Erzürnt erwiderte der Meister: »Binde erst dein Kamel an, und dann bete zu Allah. Denn Allah hat keine anderen Hände als deine!«

Das sanfte Lächeln, ein Wegbegleiter

Zum Schluß möchte ich Ihnen einen Traum erzählen, von einer Frau und von einem Leben, wie ich es mir für mich selbst wünsche. In meinem Traum ist diese Frau meine Großmutter, die einen großen Hof besitzt, auf dem ich als Junge meine Ferien verbringen durfte:

Sie war einmal eine ganz große Dame des Reitsports gewesen. Keine Meisterschaft und keine namhaften Pokale, die sie zu ihrer Zeit nicht errungen hätte. Da sie aber auch bei den spannendsten Wettkämpfen immer ein inniges Lächeln zeigte, wurde sie über die Grenzen des Landes als »die Lächelnde« bekannt.

Noch im hohen Alter war es eine Freude, ihr bei ihren Übungen mit den Pferden und den täglichen Ausritten zuzusehen. Ihre Freude an den Pferden erlebte kurz vor ihrem Tod noch eine Steigerung, als ihr der Zufall das Pferd ihrer Träume schenkte. Wie sie selbst ehrfurchtsvoll, sanft lächelnd sagte: »Die Krönung meines Lebens!«

Dann erreicht mich ein Telegramm: »Großmutter liegt im Sterben, bitte sofort kommen!« So schnell ich kann, mache ich mich auf den Weg, um meiner lieben Oma auf ihrem letzten Weg beizustehen.

Ihren Hof mit allen Angestellten und Tieren finde ich merkwürdig unverändert vor. Mit den schlimmsten Erwartungen öffne ich ihre Zimmertür, und da sehe ich sie liegen, auf ihrem Sterbebett. Die Gardinen sind zurückgezogen, so daß das hereinfallende gleißende Sonnenlicht ihr zartes, blasses Gesicht sanft umrahmt. Sie liegt dort, um zu sterben und – lächelt. Irritiert gehe ich auf sie zu, meine Erwartungen waren ganz anderer Natur gewesen. Zärtlich nehme ich ihre widerstandslose Hand in die meine. »Du hast mich hierherbestellt, um dich für immer von mir zu verabschieden. Aber du liegst hier und lächelst, obwohl du sterben mußt?«

Ihre Antwort ist so leise und schwach, daß ich mein Ohr an ihre trockenen Lippen legen muß, um von ihr zu hören: »Auch das geht vorüber. Alles ist im Wandel. Der Anfang beinhaltet das Ende, und das Ende beinhaltet den Anfang!«

Noch einmal verstärkt sich ihr Lächeln, als ob es tief aus ihrem Inneren erstrahlen würde. Meine Frage: »War das das Geheimnis deines Erfolges und deines glücklichen Lebens?« kann sie mir nicht mehr mit Worten beantworten. Ihre Antwort für mich ist auch jetzt, da sie tot ist, ihr sanftes Lächeln.

Ein ungewohntes Gefühl von Stärke und Ruhe durchströmt mich, als ich ihr Sterbezimmer und das Haus verlasse, um hinüberzugehen zu den Pferden.

So weit mein Traum. Vielleicht ist das sanfte Lächeln in vielerlei Hinsicht eine der wichtigsten Übungen auf dem Weg zum »Tao des Reitens«. Er ist sicher ein ungewöhnlicher Weg und birgt in seiner Vollendung eine hohe Stufe der geistigen Entwicklung, wenn nicht sogar die höchste, die auf uns wartet. Ohne dieses hohe Ziel aus den Augen zu verlieren, können wir aber das tun, was uns »hier« und »jetzt« möglich ist: uns auf den Weg begeben und anfangen, ihn zu gehen. Ein hilfreicher Wegbegleiter kann das Lächeln sein, denn dem sanften Lächeln scheinen ein Geheimnis und Zauber innezuwohnen, die demjenigen das Tor zum »Tao des Reitens« öffnen, der es versteht, sanft zu lächeln.

Zum Abschluß

Den Weg der acht Schritte sind wir nun zu Ende gegangen. Der Anfang liegt wieder vor uns. War es ein Kreislauf? Oder stellen Sie mit einem »sanften Lächeln« fest, daß schon der 1. Schritt: Achtsamkeit in voller Gelassenheit, den Kreis durchbrechen konnte zu einem spiralförmigen Weg in die Höhe? Zu mehr Erfolg ohne Kampf, zu mehr Sicherheit ohne Angst, zu mehr Harmonie im Umgang mit Pferden, aber auch zu mehr Glück und Zufriedenheit im eigenen Erleben.

Zur Unterstützung hierzu noch einige Hinweise und Tips. Eine entspannende, meditative Musik kann die Wirkung der im Buch vorgestellten Übungen verstärken. Hilfreich ist es auch, wenn Sie die Anweisungen zunächst auf Band sprechen. Durch diesen Trick sind Sie es dann selbst, der Sie führt und zum »Ziel« bringt.

Die Parabeln und Zitate, die in dieses Buch eingeflochten wurden, entstammen verschiedenen Kulturkreisen. Sie gehen aber, wie die Philosophie des Tao, auf jahrtausendealte Überlieferungen und Erfahrungen zurück. Gleichnisse, Geschichten und Lehren wurden oft mündlich weitergegeben und existieren in der Literatur in vielfältigen Nachdichtungen und Übersetzungen. Mir ging es bei diesem Buch darum, die Haltung und innere Einstellung deutlich werden zu lassen. Dabei habe ich mich auf eigene Erfahrungen und eine umfassende Literatur gestützt, deren wichtigste Werke und Quellen im Anhang genannt werden. Mögen sie der Vertiefung und Erweiterung dienen.

Ganz zum Schluß noch meinen Dank an Sie, liebe Leserin, lieber Leser, für Ihre geistige Offenheit, jahrtausendealtes Gedankengut unseren tradtionellen Verhaltensnormen (im Umgang mit Pferden) gegenüberzustellen.

Aber auch dem Franckh-Kosmos Verlag mit allen mir zur Seite stehenden Mitarbeiterinnen und Mitarbeitern gebührt mein Dank. Ganz besonders für den Mut und die Bereitschaft, den Lesern eine ungewöhnliche Lehre als Buch anzubieten.

Daß die erste Idee bis zu diesem Buch wachsen konnte, wäre ohne die Hilfe, die guten Ratschläge und praktische

Unterstützung von lieben Menschen nicht möglich gewesen. Darum meinen besonderen Dank an Gis und K. P., an Sabine und Hans, an Sonja, Gerta, Gabriela und Magdalene.

Zum Nach- und Weiterlesen

Al Chung-liang Huang: *Lebensschwung durch T'ai Chi*, Bern und München 1985

Bach, Marlis und Wilfried: *Bach-Blüten für Pferde – 38 Helfer bei Problemen mit Pferden*, Goldach 1997

Dürckheim, Karlfried Graf: *Wunderbare Katze und andere Zen-Texte*, Bern – München – Wien 1982

Enomiya-Lassalle, Hugo M.: *Am Morgen einer besseren Welt. Der Mensch im Durchbruch zu einem neuen Bewußtsein*, Freiburg – Basel – Wien 1988

Henneberg, Horst: *Auf dem Pfad des Bisonhundes. Indianer und ihre Pferde*, Wyk auf Foer 1992

Kobayashi, Petra: *Der Weg des T'ai Chi Ch'uan*, München 1989

Kobayashi, Toyo und Petra: *T'ai Chi Ch'uan. Einswerden mit dem Tao*, München 1989

Liedloff, Jean: *Auf der Suche nach dem verlorenen Glück: gegen die Zerstörung unserer Glücksfähigkeit in der frühen Kindheit*, München 1994

Stangl, Anton und Marie-Luise: *Lebenskraft – Selbstverwirklichung durch Eutonie und Zen*, Düsseldorf 1989

Watts, Alan: *Vom Geist des Zen*, Frankfurt 1986

Watts, Alan: *Im Einklang mit der Natur; Der Mensch in der natürlichen Welt und die Liebe von Mann und Frau*, München 1981

Zdenek, Marilee: *Der kreative Prozeß – das persönliche Programm zur Befreiung Ihrer schöpferischen Kräfte*, Berlin 1988